现代博物馆发展
与文物保护工作强化

张秋扬子 权 晶 游 越 ◎著

中国书籍出版社
China Book Press

图书在版编目（CIP）数据

现代博物馆发展与文物保护工作强化 / 张秋扬子，权晶，游越著 . -- 北京 : 中国书籍出版社，2024.1
ISBN 978-7-5068-9576-7

Ⅰ . ①现… Ⅱ . ①张… ②权… ③游… Ⅲ . ①博物馆事业—发展—研究—中国②博物馆—文物保护—研究—中国 Ⅳ . ① G269.23 ② G264

中国国家版本馆 CIP 数据核字 (2023) 第 177817 号

现代博物馆发展与文物保护工作强化
张秋扬子　权　晶　游越　著

图书策划	邹　浩
责任编辑	毕　磊
责任印制	孙马飞　马　芝
封面设计	博健文化
出版发行	中国书籍出版社
地　　址	北京市丰台区三路居路 97 号（邮编：100073）
电　　话	（010）52257143（总编室）　　（010）52257140（发行部）
电子邮箱	eo@chinabp.com.cn
经　　销	全国新华书店
印　　厂	北京四海锦诚印刷技术有限公司
开　　本	710 毫米 ×1000 毫米 1/16
印　　张	11
字　　数	206 千字
版　　次	2024 年 1 月第 1 版
印　　次	2024 年 1 月第 1 次印刷
书　　号	ISBN 978-7-5068-9576-7
定　　价	68.00 元

版权所有　翻印必究

前言

人们对文化、文物的重视与需求，促进现代博物馆的发展，强化对文物保护工作的重要性。未来，博物馆将继续进一步致力于文物保护工作，采用更先进的技术手段，并加强合作与可持续发展，以实现文化可持续性发展。

本书以"现代博物馆发展与文物保护工作强化"为题，首先阐述现代博物馆的发展，内容包括博物馆的基本认识、博物馆的内涵式发展、博物馆的跨界融合、博物馆高质量发展。其次分析文物保护的理念与管理，内容涉及文物的界定、文物保护的理念、文物保护的学科建设、文物信息的系统管理。再次解读博物馆文物保护管理，内容涵盖博物馆文物的收集、博物馆文物的鉴定、博物馆文物的维护、博物馆文物的保管。接着通过博物馆文物的展示与陈列研究，论述博物馆文物展示与陈列的支撑条件、博物馆文物展示与陈列的组织原则、博物馆文物展示与陈列的工作程序、博物馆文物展示与陈列的空间设计、博物馆文物展示与陈列的数字化技术应用。然后探索博物馆文创产品研发与产业运营，内容包括博物馆文物的开发意义、博物馆文创产品的研发、博物馆文创衍生品的艺术创新、博物馆文创产品文化产业运营。最后研究博物馆文物保护传播渠道应用，内容涉及博物馆的媒介与文化传播、博物馆文物保护全民参与机制的构建、博物馆文物保护"短视频+直播"传播体系的构建。

作者写作本书时，力争做到结构完整，视野广泛，层次清晰。并用通俗易懂的语言和系统化的结构，紧跟时代潮流，满足用户不断更新的需求。本书适用于广大博物馆与文物保护领域的相关从业人员、高校师生和知识爱好者阅读使用，具有一定的参考价值。

本书在写作过程中，得到许多专家、学者的帮助和指导，在此表示诚挚的谢意。由于笔者水平有限，加之时间仓促，书中所涉及的内容难免有疏漏之处，希望各位读者多提宝贵的意见，以便笔者进一步修改，使之更加完善。

作者
2023 年 6 月

目 录

第一章 现代博物馆的发展 … 1
- 第一节 博物馆的基本认识 … 1
- 第二节 博物馆的内涵式发展 … 13
- 第三节 博物馆的跨界融合 … 19
- 第四节 博物馆高质量发展 … 22

第二章 文物保护的理念与管理 … 24
- 第一节 文物的界定 … 24
- 第二节 文物保护的理念 … 29
- 第三节 文物保护的学科建设 … 32
- 第四节 文物信息的系统管理 … 39

第三章 博物馆文物保护管理 … 50
- 第一节 博物馆文物的收集 … 50
- 第二节 博物馆文物的鉴定 … 58
- 第三节 博物馆文物的维护 … 64
- 第四节 博物馆文物的保管 … 97

第四章 博物馆文物的展示与陈列研究 … 109
- 第一节 博物馆文物展示与陈列的支撑条件 … 109
- 第二节 博物馆文物展示与陈列的组织原则 … 110
- 第三节 博物馆文物展示与陈列的工作程序 … 111
- 第四节 博物馆文物展示与陈列的空间设计 … 126
- 第五节 博物馆文物展示与陈列的数字化技术应用 … 129

第五章 博物馆文创产品研发与产业运营 …… 135

第一节 博物馆文物的开发意义 …… 135
第二节 博物馆文创产品的研发 …… 136
第三节 博物馆文创衍生品的艺术创新 …… 142
第四节 博物馆文创产品文化产业运营 …… 146

第六章 博物馆文物保护传播渠道应用 …… 151

第一节 博物馆的媒介与文化传播 …… 151
第二节 博物馆文物保护全民参与机制的构建 …… 162
第三节 博物馆文物保护"短视频+直播"传播体系的构建 …… 164

参考文献 …… 166

第一章 现代博物馆的发展

第一节 博物馆的基本认识

"随着经济的不断发展,人民的生活水平不断提高,博物馆作为我们日常生活中非营利性质的机构,在当今生活中有着非常重要的地位。"[①] 博物馆,又叫博物院,是征集、典藏、陈列和研究代表自然和人类文化遗产的实物的场所,并对有科学性、历史性或者艺术价值的物品为公众提供知识、教育和欣赏的文化教育机构、建筑物、地点或者社会公共机构。

一、博物馆的性质

(一)非营利性

非营利性强调的是博物馆的根本性质,也是博物馆组织的目的,表明博物馆是社会公益事业,是代表社会最广大民众利益的社会公益机构。非营利性机构的大部分收入是通过其成员或支持者的会费或捐赠获得的,非营利性机构存在的目的,推进社会的积极变革和发展,提高公共素质,改变公众的信念和行为,提供社会需要的物品和服务。

博物馆的非营利性质是对博物馆公益性的重要保障,博物馆可以通过艺术纪念品销售、餐饮服务、场地出租、专家咨询、版权出售等方式获得收入,只不过博物馆从事营销活动不能有悖于其公益性组织的宗旨与使命,营销活动的规模也要以公益事业的合理发展为目的,经营收益要继续用于博物馆自身的建设,不得分配给任何组织和个人。同时,政府与社会也不能因博物馆的营销活动而减少对博物馆事业的支持与引导。

作为社会公益事业的博物馆必须以实现社会利益和价值为出发点,非营利性使之不为

---

① 倪庚鑫. 博物馆陈列空间的展示设计研究 [J]. 文物鉴定与鉴赏, 2021, (10): 144.

经济利益所左右。作为社会公益事业，博物馆应根据社会需求、社会利益来制订工作规划，组织任何展览和社教活动都必须考虑到社会效益。

（二）开放性

开放性是博物馆的一个基本性质，不仅强调了博物馆作为公共社会资源的开放性和公益性，而且说明了博物馆与社会公众之间平等的双向互动关系。大众主要强调的是博物馆服务对象的客观性和广泛性。其中，客观性就是指作为大众的社会公众；广泛性是指博物馆的服务对象应该是构成社会的个人、团体和机构，不应因身体状况、文化差异、教育程度、社会地位等因素而受到不同的待遇。

一方面，开放体现了博物馆的社会开放性和公益性。博物馆作为公共资源，其包括的收藏和基础设施等在内的有形资源和科研、智力、文化氛围等无形资源都应当对社会公众开放，大众有权利使用这些公共社会资源。另一方面，这种开放应当是双向互动的。博物馆对大众开放的同时，大众也应当积极地向博物馆开放，并对博物馆积极地给予反馈。当然，这些反馈既可以是有形的，如资金和藏品的捐赠等；也可以是无形的，如为博物馆发展出谋划策、提供志愿和义务服务等。同时，还应当注意的是，博物馆既然将"为社会及其发展服务"作为其根本使命和工作目标，那么，所谓的开放就应当是平等互利的开放。

（三）公共服务性

博物馆公共服务性是为社会及其发展服务，作为公共文化服务的重要基础性设施，在保护物质与非物质文化遗产、传承优秀传统文化、传播科学知识、加强民族文化认同以及激励文化创新等方面发挥着重要的作用。新时期，博物馆更重视与社会的关系，积极关注社会发展提出的新问题，回应公众的发展需求，为社会的稳定和创新提供智力支持。博物馆藏品架起沟通的桥梁，是说要通过提炼主题、组合器物关系、创造视觉美感，让公众认知、理解历史进程与社会发展，从而架起过去与现在、传统与创新、生活与艺术乃至不同文化之间的桥梁。为了更好地为社会发展服务，还要做好博物馆的营销工作，营销的目的是增加公众对博物馆的认同和了解，以更好地服务公众与社会。

现在，博物馆观众不仅是博物馆文化产品的享用者和受益者，更是博物馆的参与者。博物馆要鼓励与支持观众积极利用博物馆的资源，通过各种方式吸引公众走进并融入博物馆。

（四）教育、研究和欣赏性

博物馆的教育、研究和欣赏性是以教育、研究和欣赏为目的，通过陈列、展览和艺术鉴赏等活动，使观众的情操得以陶冶、修养得以提升、思维得到促进、创造力得以激发，从而达到欣赏的目的。在理解博物馆以教育、研究和欣赏为目的的过程中，我们应当理解为：这虽然是博物馆业务活动的指导观念和基本目的，但却需要通过博物馆与观众的共同努力才能够得以实现。

二、博物馆的类型

博物馆的重要性在于它能通过宣传文化而使人们实现个人提升，同时借助博物馆开展的教育活动更具有敏锐性、直观性、可及性、感染力和有效性，博物馆通过文物的展示和文化的传播能为人们提供了解人类历史和科学发展的机会，有助于使人们了解人类文明发展进程的一般规律和人与自然和谐相处的自然规律，有助于提高他们对自然和社会的认识，有助于引导他们履行服务社会和发展社会的使命。

博物馆的类型是根据博物馆各自的性质、特点的异同而划分出来的具有共同特征的博物馆所形成的类别。科学地划分博物馆的类型，对博物馆事业的发展和博物馆具体工作的开展均有着积极的现实意义和深远的历史意义。

（一）按照兴办目的划分

按照博物馆的兴办目的并结合藏品的性质来划分，可以把博物馆划分为三类。

第一，专门性博物馆。专门性博物馆大致可以分为历史、革命史、文化艺术、自然科学和科学技术等类型。

第二，纪念性博物馆。纪念性博物馆可以划分为历史纪念馆（纪念古代历史事件或历史人物）和革命纪念馆（纪念近代、现代历史事件或杰出人物）等类别。

第三，综合性博物馆。综合性博物馆是指全面反映自然历史和社会历史发展规律的博物馆。它既包括社会科学方面的内容，又包括自然科学方面的内容。部分省级、市级和县级博物馆，如黑龙江省博物馆、南通博物苑等，就是这类综合性博物馆。

（二）按照藏品内容划分

按照藏品性质与博物馆内容划分，可以将博物馆划分为三类。

第一，自然科学类。自然科学类博物馆，依其具体内容的不同，又可划分为自然性质的博物馆和科学技术性质的博物馆。其中，自然性质的博物馆还可分为一般性的、专门性的和园囿性的三种。科学技术性质的博物馆还可以分为科学技术博物馆和科学技术史博物馆两种。

第二，社会历史类。社会历史类博物馆，依其所反映的内容的不同，还可以进一步划分，如历史类、革命史类、民族类、以历史人物和历史事件为专题的纪念馆，以及属于社会科学范畴的文化博物馆等。

第三，综合类。综合类博物馆是指包括社会历史类和自然科学类两大类内容，同时兼具社会科学和自然科学双重属性的博物馆。它的主要内容包括自然部分、历史部分（包括革命史）等，少数民族地区的博物馆还包含民族内容。

如今，我国博物馆事业快速发展，博物馆数量不断增加，同时也带来了博物馆类型的丰富以及博物馆类型划分依据的新变化：①依据兴办主体来划分，可以将博物馆划分为国立博物馆、私立博物馆、民营博物馆、企业博物馆、行业博物馆等；②依据形态来划分，可以将博物馆划分为传统博物馆、生态博物馆和社区博物馆等；③依据观众来划分，如中国儿童中心老牛儿童探索馆；④依据展示方式来划分，可分为室内博物馆、露天博物馆、遗址博物馆等。

三、博物馆的功能

（一）收藏与保管功能

博物馆现象起源于收藏珍品，藏品是人类文明的重要见证，是博物馆工作的核心与基础，收藏、保管也是博物馆首要功能与最基本的功能。随着社会的发展，目前博物馆收藏、保管的对象已不限于珍贵文物与艺术品，而是涉及人类与人类生存环境的各种见证物，既包括物质遗产，又包括非物质文化遗产。博物馆能较为广泛、较为全面地保藏着人类活动和自然发展的真实物证，并把它永久地传给后人，这是博物馆特有的功能。博物馆获得收藏的途径主要有文物征集、获得馈赠和遗赠、从私人收藏家或拍卖会上购买藏品、田野考古发掘和调查等。

（二）休闲娱乐功能

随着博物馆的发展，国内的博物馆学者也越来越认识到博物馆娱乐功能的重要性，在文化生活高档化趋势下，一个值得重视的现象就是文化娱乐的需求。在工业社会紧张喧嚣的生活中，闲暇时间是很宝贵的。高尚的文化娱乐活动是休息和积蓄精神再生产能力的积极方式。博物馆是提供高尚文化娱乐、培养生活情趣、满足美感要求的场所，博物馆应该强化这方面的职能。

随着博物馆的免费开放，博物馆已成为公众休闲娱乐的必选。博物馆与文化创意、旅游等产业相结合，参观博物馆也已成为旅游的重要日程，许多博物馆成为旅游热点。这是博物馆面临的机遇与挑战，一方面博物馆的陈列设计要融入休闲娱乐的文化元素，使专业知识通俗化，向观众提供趣味性强的展览；另一方面博物馆要增加扩大这方面的项目设施，积极开办具有吸引力的各种欣赏娱乐活动。因此，现代博物馆既要重视教育，也应关注观众的娱乐性需求，吸引观众，寓教于乐，使观众在接受教育的同时又能获得愉悦、新奇、惬意等娱乐性的享受。值得注意的是，博物馆娱乐功能的发挥必须以博物馆的藏品为基础，以教育为最终目的，博物馆并不是纯粹的娱乐机构。

（三）教育相关功能

教育作为博物馆的基本功能之一，是收藏与研究功能的延伸与扩展。博物馆对外开放后，观众走进博物馆，通过观看展览受到教育与启发。因此，博物馆不只是学校的第二课堂，也是家庭教育与社会教育的第 N 个课堂，人们可以自由地出入各个陈列室，通过参观展览、参与博物馆的各项活动，汲取科学文化知识。

博物馆的教育方式生动形象，通过大量运用文物标本、模型等实物资料，作用于观众的感官。这无论从人的生理机制或者认知过程来说，都会使观众感到亲切，易于接受和理解。此外，博物馆还通过讲解服务、公众讲座、出版物以及举办丰富多彩的文化活动等方式来加深观众对博物馆陈列的理解。

国家文物局近年在对博物馆的评审工作中，也已经将教育以及相关的比重提升，博物馆观众研究越来越得到重视，从以藏品为中心到以观众为中心，是博物馆发展的趋势和潮流。

（四）科学研究的功能

博物馆最初的研究主要是对藏品本身的基础研究以及应用性研究，大量藏品只有进行深入的研究，所具有的历史价值、艺术价值与科学价值才能被揭示，明确主题、挑选藏品、设计展览与撰写解说词等过程都需要进行科学研究。可以说，研究工作贯穿博物馆工作的全过程。

博物馆研究的目的是为了服务于社会的利用、展览和教育普及，只有达到较高的研究水准，才能保证博物馆各项工作的水平与服务的质量。许多著名的博物馆不只藏品丰富，同时也是重要的学术研究重镇。博物馆为了加强研究，还专门设有研究部门并主办学术刊物。

四、博物馆的社会责任与使命

(一) 博物馆的社会责任

博物馆的社会责任是一个重要而广泛的议题，它涵盖了博物馆在社会中的角色和职责。作为文化遗产的保护者和传播者，博物馆承担着许多社会责任，旨在服务于公众，推动教育和文化发展，以及促进社会进步。博物馆的社会责任主要体现在如下几方面。

1. 社会服务

博物馆是当代民众与历史、与文化对话的空间，是提高公民素质和培养文明市民的第二课堂，是提高城市品位和塑造文化城市的标志性设施。博物馆在社会服务的道路上不断探索，越来越深入地融入社会生活之中，以更加积极的姿态关注社会、服务社会。博物馆不应该仅仅是收集记忆的地方。

博物馆是推动社会变革与发展的文化力量。在我国，博物馆的教育功能、社会效益及公益性质，都是为了满足社会大众的需求。博物馆作为公益性社会文化服务机构，其使命就是不断满足广大民众日益增长的精神文化需要，促进人的全面发展。这也是公共文化机构的本质特征，是实现公民文化权利和文化福利的重要内容。博物馆拥有大量珍贵的文化资源，是别的文化机构难以提供的特殊的知识源泉。在博物馆中，人们的文化需求得到满足，精神得到愉悦。同时，博物馆所积累的丰富的经验性资源，使其在区域性、全球化的发展里发挥独特的社会作用。

时代需要博物馆的社会责任，从保护文化遗产延伸到服务社会，并促进社会和谐发展。如今，国际博物馆界已经明显地感觉到，博物馆的公共形象越来越影响到博物馆吸引观众的数量以及社会支持的力度，对于博物馆的生存和发展越来越具有实际意义。因此，顺应社会发展趋势，构建博物馆的公共形象，作为一个亟待展开的新课题，已经引起博物馆界的关注。

从博物馆的发展趋势来看，面向社会、面向观众的办馆理念和以观众为中心的服务宗旨，应该实实在在地落实在博物馆工作的各个方面。不论是收藏、研究、陈列、教育、讲解或其他岗位，都是为公众服务的具体环节。因此，博物馆要加强对不同岗位员工进行服务意识教育和服务质量培训，使每一个环节都能为观众提供优质服务，使每一位走进博物馆的观众都能感受到风景如画的室外环境、整洁明亮的室内展厅、精美绝伦的文物展品、图文并茂的陈列展览、通俗易懂的文字说明、深入浅出的现场讲解、操作简单的导览设备、生动有趣的互动方式、标志清楚的参观线路、方便舒适的服务设施、独具特色的纪念礼品、热情主动的工作人员。

2. 社会合作

博物馆可以与其他组织机构相互合作。例如科研部门、教育设施、文化机构、社会组织、企业单位、新闻媒体、民间团体、社会公众等，都拥有可以为博物馆所用的资源。为了使这些资源能够成为博物馆发展的积极力量，博物馆应与这些组织机构建立合作共享机制，使合作双方能够取长补短、各取所需，实现双赢。博物馆与科研部门，诸如社会科学、自然科学等研究部门之间建立长期稳定的战略合作伙伴关系，可以实现博物馆研究水平的提升；博物馆与教育机构，诸如高等院校、中小学校等之间建立长期稳定的战略合作伙伴关系，可以实现博物馆后续人才的培养；博物馆与文化机构，诸如图书馆、青少年宫等之间建立长期稳定的战略合作伙伴关系，可以实现博物馆文化的社会传播；博物馆与社会组织，诸如妇联、青联、残联等之间建立长期稳定的战略合作伙伴关系，可以提升博物馆文化活动的社会影响；博物馆与企业单位，诸如国有企业、民办企业等之间建立长期稳定的战略合作伙伴关系，可以实现博物馆强有力的社会支撑；博物馆与新闻媒体，诸如新闻出版、广播电视等传播机构之间建立长期稳定的战略合作伙伴关系，可以实现博物馆文化的广泛宣传；博物馆与民间团体之间建立长期稳定的战略合作伙伴关系，可以在博物馆建设及运营方面不断得到支持；博物馆与社会公众之间建立长期稳定的战略合作伙伴关系，可以增加博物馆的社会吸引力。

建立博物馆馆际之间的合作共享机制，是指博物馆与其他博物馆相互合作、实现彼此资源共享的机制。任何一座博物馆都保存着独有的文化资源，例如独有的文物藏品、独有的研究力量、独有的展示场所、独有的宣传方式等。但是，对任何博物馆而言，所拥有的文化资源又相对有限，其事业发展都会受到自身资源的限制。博物馆之间只有加强合作，才能取长补短，才能打破自身资源的局限，促进博物馆文化的共同繁荣，推动博物馆事业更好更快地发展。因此，每一座博物馆均应建立与其他博物馆之间的合作共享机制，以自己的独有资源与其他博物馆的优势资源相互支撑，为观众提供更加优质的博物馆文化，从而实现馆际之间的资源共享。今天，建立博物馆与其他博物馆之间的合作共享机制，可以从多方面探索，例如建立藏品资源的合作共享机制，即通过博物馆之间的藏品交流，实现博物馆之间藏品资源的合作共享；建立人力资源的合作共享机制，即通过博物馆之间的人才交流，实现博物馆之间人力资源的合作共享；建立管理经验的合作共享机制，即通过博物馆之间的管理经验交流，实现博物馆之间管理模式的合作共享。但是，目前博物馆之间的交流合作机制尚不健全，博物馆之间的资源共享机制尚未真正建立，博物馆之间的藏品资源配置还不能发挥最佳效用。

博物馆馆际之间建立合作共享机制正是出于博物馆文物资源短缺的实际。虽然国家级、省级博物馆以及一些城市博物馆文物藏品资源丰富，但是从观众的需求和展览的需要出发，任何博物馆的文物藏品资源都显得十分有限。只有实现博物馆之间的合作与共享，才可能全面揭示人类的漫长发展足迹，全面展现人类文明的多样性特征。

在促进博物馆之间合作方面，各级政府和文物部门应给予关注和支持，通过制订博物馆发展总体规划，建立博物馆资源共享体系，鼓励不同类型的博物馆在藏品、资料、技术、设施和人才方面实现合作，使不同类型的博物馆在相互学习与交流中得到共同发展，从而提高博物馆的整体发展水平。通过制定相关政策法规，推动博物馆的馆藏目录向其他博物馆开放，为使各个博物馆的藏品资源实现共享创造条件。

例如，推动拥有较多文物藏品但无法长期陈列展出的大型博物馆与其他博物馆合作，使适宜陈列展出的文物藏品在不同的博物馆之间流动，以实现博物馆之间藏品资源的共享，充分发挥博物馆文物藏品的社会效益，提高陈列展览的更新频率，吸引观众经常走进博物馆。推动博物馆之间合作举办具有思想性和震撼力的陈列展览，设立国家支持的专项经费，支持各地博物馆，特别是中小型博物馆的陈列展览更新和服务水平提升，发挥博物馆的群体优势和整体效益。推动考古研究单位在考古发掘工作结束之后，依法及时将发掘出土文物移交博物馆，既使珍贵文物得到妥善保存，又使博物馆文物藏品得到补充。此外，各级政府和文物部门还应出台相关政策，推动博物馆之间的人才交流，实现大型博物馆对邻近地区中小博物馆的支持指导。有条件的地区还可以推动大型博物馆对中小博物馆的托管，以实现博物馆之间管理经验及人才资源的共享。

博物馆馆际之间的合作将有限的资源集中在一起，增加了举办陈列展览的可行性。多家博物馆的联合，既分享文物藏品，保障展览质量，有利于为观众推出完美的展览，又分担运营风险，为每个博物馆提供展示自己的空间，为观众提供多层次的服务。博物馆馆际之间的合作，往往是在不打破相关博物馆的藏品所有权与管理制度的前提下，通过简化手续，实现文物藏品和人才资源更自由、更通畅的流动。博物馆之间互相借势、取长补短是较为常见，也是具有可操作性的合作形式。例如，在本馆的文物藏品保护中引进合作博物馆的设备和技术，在本馆销售或宣传合作博物馆的纪念品或出版物，在本馆的宣传广告上刊登合作博物馆的展览信息，在本馆的网站上设立合作博物馆网站的链接等，这些都是双赢的合作模式。博物馆之间交流与合作的方式多种多样，仅就陈列展览方面的交流与合作就可以包括联展、巡展、互展、借展等方式。联展，即两家或多家博物馆就某一内容共同举办展览；巡展，即一家或多家博物馆举办的展览在不同的博物馆巡回展出；互展，即两家或多家博物馆相互交换同一类型或不同类型的展览；借展，即引进其他博物馆的展览，进行短期或长期的展出。

3. 社会支持

"社会支持"这一概念属于心理学理论体系范畴，指个体所接收到的各种积极的社会作用，它们能增强个体的归属感、安全感和自尊。今天，社会各部门之间的联系日益紧密，综合性问题不断出现，涉及的领域更加复杂，需要各方面协同解决，而不能仅凭一己之力。良好的社会支持有利于个体的健康，而恶性的社会关系则会损害个体的健康。随着"社会支持"这一概念逐渐为其他学科所借鉴，它已经由一个学科的专业概念向通用概念转变。将"社会支持"概念引入博物馆研究和工作中，既是从关注个体的身心健康转变为关注一座博物馆的健康和良性发展，也是从生存的角度考虑哪些社会关系和资源有利于博物馆的发展，以及如何更有效地获取这种支持。由于长期以来博物馆的社会职能定位是文物收藏、研究与展示，各项业务活动主要围绕这些内容展开，在其他社会活动方面则显得力不从心，博物馆不能独立地成功实现其目标，是博物馆需要广泛社会支持的根本原因。同时，博物馆在寻求和获取社会支持方面的意识比较薄弱，往往将视野主要局限于争取政府的资金投入和政策支持。这种状况说明博物馆潜在的社会支持尚未得到充分认识和有效拓展。为了博物馆更加健康全面地发展，有必要积极构建博物馆的社会支持体系。

在当今社会中，任何机构都不可能处于自我封闭的生存状态，必然与社会各界有着各种各样的关系。博物馆作为向公众开放的社会性公益机构，在满足社会公众教育、审美、感情以及认同等方面需求的同时，自身的健康发展也离不开社会其他成员的关注与支持。今天是一个开放与交流的时代，是一个资源共享、互利共赢的时代，加强交流与合作的观念逐渐深入人心。博物馆是一个资源高度依赖于外部环境的组织，博物馆的生存与发展离不开外部力量的支持与协作，既需要来自政府的支持，也需要来自社会各界的支持。任何一座博物馆都不应将自身封闭起来，也不可能独善其身，关门办馆没有出路，只有加强交流与合作，才能实现博物馆的可持续发展。同时，信息化时代的到来，为实现交流与合作的深度和广度发展提供了前所未有的条件。无论是博物馆与其他社会成员的合作，还是博物馆之间的合作，都有利于优势互补，有利于在整体上提高效率，有利于实现"为社会及其发展服务"的目标，对博物馆的可持续发展有着极为现实的意义。因此，对于自身不能解决的问题，博物馆应积极争取来自外界的支持，不但要分析哪些社会资源有利于博物馆的可持续发展，还要总结如何成功获取这些资源以建立稳定的联系。

博物馆的社会支持，按不同角度可以划分为不同的结构。按范围划分，包括国家支持、地方支持、社区支持等；按性质划分，包括经济支持、实物支持、智力支持、情感支持等；按主体划分，包括政府支持、社会团体机构支持、个体支持等。各级政府对博物馆的支持是最根本、最稳定的支持,体现在财政拨款和政策扶植两个方面,公立博物馆对国家财政的依赖性大,拨款的力度直接关系着一座博物馆生存与发展的质量;政策扶植在于各级政府在文化政策中对博物馆的定位及其重要性的认识,以及相关文化政策、财政政策等方面对博物馆的具体优惠和倾斜。例如,博物馆在文物艺术品竞拍中有优先取得权、博物馆商店免税等。社会团体和机构对博物馆的支持,不仅仅是一种单向的关怀或帮助,在多数情况下,更体现在通过合作方式来实现博物馆社会功能的发挥,或是无偿地向博物馆提供其自身所不具备的资源和手段。当前,各类社会团体和机构的支持是博物馆需要关注的重点。个体支持是指社会中的个体对博物馆的支持,这不仅体现在最基本的博物馆参观活动中,而且涉及更为深广的方面,例如作为博物馆志愿者、文物标本捐赠者等,来实现对博物馆的具体支持。个体支持虽然作为单体力量较小,但是,作为整体具有庞大的潜在基数和巨大的社会能量。

今天,博物馆正在发展成为与社会生活息息相关的现代文化设施,是吸纳知识、体验文明的地方,是陶冶情操、升华气质的地方,是了解社会、思考人生的地方,是舒适优雅、充满乐趣的地方。博物馆应努力摒弃行业神秘感,增加社会亲和力,应将社会公众作为重要的合作者,更多地考虑人们的多样化需求,考虑人们在博物馆中的行为方式与心理需求,扩大博物馆服务社会的范围,提升博物馆服务社会的质量,开展丰富多彩的博物馆活动。同时,应努力增进社会公众对博物馆的认知,构建博物馆与社会公众联系的纽带,使人们每一次走进博物馆,都成为一次真正的文化体验,引导社会公众文明、有序和理性地参观博物馆,逐步树立感受博物馆、尊重博物馆的理念。

博物馆有着丰富的实物资源,有着雄厚的学术力量,因此,社会公众对博物馆的需求必然多种多样。市民对博物馆的期望与需求已经远远超出博物馆藏品与展览所能满足的范围。博物馆教育与传播的职能并非仅仅依靠自身的文物藏品能实现,并非仅仅在博物馆的展厅内能实现,也并非仅仅依靠陈列展览活动能实现。从博物馆的生存与发展角度看,只有经常开展具有社会影响的文化活动,才能够凸显博物馆的价值与实力,从而更多地争取社会公众的支持。

近年来,博物馆越来越重视与学校、社区的互动,鼓励当地民众参与陈列展览的策划及文化交流活动,在博物馆馆舍内外开展各类颇具特色的活动。例如,有的博物馆组织艺术节庆,既展出本馆的特色文物藏品,又允许公众提供展品,提高社会公众的参与性,使人们在博物馆既获得知识,又可以实现个人收藏展示;有的博物馆组织动手活动,配合主题展览开展科技实验或手工艺品制作,为观众提供参观之外获得技能的机会;有的博物馆组织冬令营、夏令营,在寒暑假期间为学生提供有趣的实践和实习机会;有的博物馆组织主题旅行，结合博物馆的展览陈列内容，组织观众到考古遗址现场或文物景点参观，使观众获得更为直接的体验；有的博物馆组织电影鉴赏活动，结合陈列展览内容，播放相关的主题电影或录像资料，可使观众有偿在馆内使用或向馆外出租；有的博物馆组织艺术创作活动，创办或与艺术家合办工艺制作工作室，指导观众自己进行艺术创作。

博物馆是人们娱乐休闲的理想去处，是自主学习的幽雅课堂，应该让观众以愉快的心情更新文化知识，享用品质空间，接受优质服务，体会快乐人生。目前，国际博物馆界正在探索一些新的方法，让公众感到来博物馆是一种享受，使观众参与到陈列展览和各项活动中来。不论是自然科学还是人文科学，在博物馆的氛围里，人们都可以得到在其他场所难以获得的享受。社会公众希望博物馆能满足他们获取知识与娱乐休闲的需求，能够舒缓现代社会越来越快的生活节奏，能够减轻现代社会越来越大的工作压力，在增长知识的同时，使人们感受到参观博物馆充满乐趣。因此，越来越多的博物馆努力打破传统的封闭模式，加强与社会的联系，提高社会化程度，注重广泛参与，逐步向社会开放，走出博物馆的大门，走进社区民众中间，实现博物馆和社会的互动与交流。一方面，可以从社会需求方面调整博物馆自身的工作，以适应社会的发展；另一方面，可以从社会当中吸收有利于博物馆发展的资源。

（二）博物馆的使命

博物馆的使命是保护、研究和展示文化遗产和艺术品，以满足公众的教育、启发和娱乐需求。作为社会的文化中心，博物馆扮演着极为重要的角色，不仅仅是收藏和展示珍贵的艺术品和文物，更是传承历史、促进文化交流和推动社会进步的重要场所。

1. 保护文化遗产和艺术品

博物馆致力于收集、保管和保存各种形式的文化遗产，包括考古文物、艺术品、历史文献和其他重要的历史和文化资料。通过科学的保存和保护手段，博物馆确保这些宝贵的遗产得以传承给后代，使人们能够深入了解过去的文明和文化。博物馆文化应该以更加丰富多彩的方式进入社会公众的生活之中，成为人们日常文化生活的重要组成部分，如此，才能使博物馆文化的传播更加有效，使博物馆文化的影响更加深入。

2. 研究和学术探索

博物馆的使命是深入研究和学术探索，以更好地理解历史、艺术和文化的本质。它们不仅是陈列展示的场所，也是重要的研究机构。博物馆的学者、考古学家、艺术技术史学家和其他专家通过研究所收藏的文物和艺术品，不断探索这些珍贵遗产所蕴含的信息和价值。

博物馆学者进行学术研究，深入挖掘文物背后的历史背景，揭示其与当时社会和文化背景的联系。他们运用科学方法和研究技术，还原文物的原貌和历史环境，为人们提供准确、全面的历史认知。

博物馆的考古学家在发掘过程中发现宝贵的考古遗址，通过挖掘和分析这些遗址，填补了历史的空白，还原了人类文明的发展轨迹。

艺术技术史学家致力于研究艺术品的创作背景、技术手法和风格变迁，从中探索艺术的内在逻辑和时代精神。他们的研究不仅加深了人们对艺术作品的理解，也促进了艺术史学科的发展。

博物馆学者与其他机构和学者合作，促进知识交流和共享。他们举办学术研讨会、展览和讲座，邀请国内外专家学者来博物馆进行学术交流。他们还积极参与国际合作项目，拓宽研究领域，推动博物馆事业的发展。通过这些学术研究和合作，博物馆为社会提供丰富的知识资源和学术成果。人们可以通过博物馆的学术研究了解历史真相，感受艺术的美妙，拓宽视野和知识面。同时，博物馆的学术研究也为社会发展和文化传承提供了重要支持，推动了人类文明的进步。

总之，作为重要的研究机构，博物馆通过学术研究和合作，不断深入探索历史、艺术和文化的本质，为社会提供宝贵的知识资源，推动人类文明的传承和发展。

3. 教育和启发公众

博物馆的成功在于以何种方式提供信息。因为公众的注意力是有限的，而信息是无限的。如果博物馆想在众多的资讯竞争中获得成功，就必须善于获得注意力，而要吸引公众的注意力，就必须注意观众和了解观众。因此，博物馆教育和启发公众，不仅要向公众展示珍贵的文物和艺术品，还要通过展览、讲座、工作坊和教育项目等形式，向观众提供丰富的教育体验。博物馆致力于激发观众的好奇心和探索欲望，通过展览和解说，向公众传达历史、文化和艺术的知识，培养人们的审美意识和文化素养。如吸引青少年走进博物馆，一直是各国博物馆关注的问题。博物馆如何与青少年建立长期友好的关系，如何根据青少年的年龄特点、理解能力和兴趣特点，推出适合他们的展览，是博物馆面临的一大挑战。目前，博物馆需要与电脑游戏、便捷的通信技术争夺青少年群体。因此，博物馆必须改变自己，积极探索青少年与博物馆展览紧密联系的契合点。

4. 推动社会进步

博物馆通过展示历史的变迁和不同文化的多样性，帮助人们了解并尊重彼此的差异，促进跨文化的交流和理解。博物馆也致力于探索当代社会问题，通过特展和讨论活动引发公众对社会议题的思考，促进社会的反思和进步。如促进城市发展，博物馆正是这样一个包含着社会、历史、文化等多种元素的城市空间。当快速的城市化进程严重地影响人们的居住空间和生活质量时，博物馆以其宁静、祥和的环境和设施，能够缓解社会民众的生存焦虑，也使得日益被伤害的城市文化功能获得某种程度的弥补与修复。

城市让生活更美好，博物馆让社会更和谐。作为城市历史的记录者和展现者，博物馆一直以来既是城市文化的参与者，也是城市文化的推动者。要实现博物馆的资源效益和文化魅力，在陈列展览和文化活动中，不能简单罗列重要事件和历史人物，而应该首先寻找和揭示这座城市的灵魂，寻找属于城市自己的故事，并提炼出最能反映地域文化特色的主题，通过这一主题将各种重要的文化资源加以整合，形成一个整体，从而使陈列展览具有特色和号召力。

博物馆在城市的发展过程中不断完善和创新，具有连续性、继承性和创新性，承载着城市的基本价值追求，孕育着城市的精神。博物馆作为现代性城市空间的精神与文化的代表，其最重要的功能就是为人们提供一个交流与对话的公共空间。它与商场、街道不同，博物馆以一种隐性的内在力量放大了历史的精神魅力与文化吸引力，由此丰富了城市空间的文化内涵。没有博物馆的城市是贫乏的。而不在城市发展或城市变迁中发挥作用的博物馆又是单调的。博物馆在当代人类社会发展变革的背景环境中，应该顺应历史，调整自身的社会形象和角色，提升博物馆在城市发展变迁中的影响力，拓展其影响的空间、参与的空间和教育的空间。

5. 为社区和公众提供娱乐和休闲的场所

博物馆不仅是文化学习的地方，也是人们放松心情、享受艺术和文化的场所。人们可以在博物馆中欣赏艺术品的美丽，感受文化的魅力，同时也可以参加各种文化活动和展览，丰富自己的生活。

总之，博物馆的使命是多方面的。它们保护、研究和展示文化遗产和艺术品，教育和启发公众，促进社会进步，为人们提供娱乐和休闲的场所。通过履行这些使命，博物馆成为人类文明和文化传承的重要阵地，为我们提供了宝贵的历史记忆和文化遗产。

第二节　博物馆的内涵式发展

博物馆建设走内涵式发展，既符合中国特色文化发展道路的总体目标和要求，也符合全世界博物馆建设发展的必然规律。

一、博物馆内涵式发展的要求与特征

（一）博物馆内涵式发展的要求

博物馆内涵式发展，实质上就是博物馆建设要按照科学发展观的要求，走出一条投入较少、成本较低、效益较高、低碳环保、可持续发展的路子。就博物馆内涵式发展而言，更应把握六个基本要求。

第一，注重文物收藏的质量。内涵式博物馆藏品不在数量的多寡，重在藏品级别的高低和历史价值、艺术价值、社会价值的大小。因此，内涵式博物馆要从藏品收集的数量规模型向质量价值型转变，多收集珍贵的、有重大价值的、独占鳌头的"镇馆之宝"。

第二，注重文物保护能力和水平的提高。一方面，内涵式博物馆要加大文物库房的环境改造力度，对文物库房的温度、湿度、亮度，以及柜架等要严格按照国际标准建设完善，给文物存放提供科学的环境；另一方面，内涵式博物馆要求必须有能力保护文物。

第三，注重陈列展览的创意策划。陈列展览是学术研究的基础，是社会教育的生动载体。因此，内涵式博物馆务必根据形势任务的变化、观众的文化需求动态，及时设计内容厚重、形式新颖、特色鲜明、社会需要的陈列展览。

第四，注重学术研究的档次与质量。学术研究是博物馆内涵式发展的核心竞争力。因此，我们在课题的立项方面，必须坚持严格把关，不断提升博物馆学术研究的档次和质量。

第五，注重社会教育活动的品牌打造。社会教育就是博物馆功能的延伸，突出教育的全民性、社会性、终身性、直观性、丰富性、开放性、自主性、愉悦性、时代性、参与性、引导性，彰显社会教育的品牌效应。

第六，注重产业开发系列性。博物馆的产业开发要立足本馆的应用型研究成果的转化和观众需求的多样化，开发出匠心独运、便于携带、易于收藏的系列产品。

（二）博物馆内涵式发展的特征

第一，文物藏品的开发利用。一个博物馆的内涵式发展，基础环节是在文物征集、文物分类、文物珍藏、文物陈列、文物研究的基础上，搞好文物修复、文物鉴定和文物的开发利用，把文物用活，把文物背后鲜为人知的故事讲出来，充分发挥文物在社会教育、文化传承、文物研究、文物鉴赏方面的"载体"和"资政育人"作用，让每一个文物的利用达到极致。

第二，展览方式的特色性。博物馆的内涵式发展能力强不强，必须看这个博物馆的展览内容是否丰富、主题是否鲜明、形式是否新颖别致、解说词是否生动形象、陈列"载体"是否有特色。如果展览的创新性、辐射性、推广性、指导性、示范性不强，那么，这样的展览就没有特色。所以，博物馆的陈列展览必须把握规律性、赋予创造性、体现时代性。

第三，科学研究的系统性。系统性研究是博物馆形成系列开发的基础，也是凸显一个博物馆生命力和核心竞争力的重要指标。因此，博物馆的内涵式发展要把系统研究作为关键环节来打造。博物馆不但要针对全世界博物馆的发展趋势进行预测性的前沿研究，而且要围绕本馆特色搞一些有深度的特色研究，更要搞一些把理论转化为文化生产力的应用型研究。

第四，文化产业的拓展性。博物馆的内涵式发展要把紧紧围绕公共服务的人性化、特色化、规范化来拓展，抓住文博产业的规模化、集约化、专业化、系列化开发来深化，把我们的研究成果逐步转化为项目成果和实践成果，博物馆的造血功能和发展后劲才足。

二、博物馆内涵式发展的道路及策略

（一）博物馆内涵式发展的道路

博物馆走内涵式发展道路必须在充分认清世情、国情和馆情的基础上，在综合分析博物馆自身建设存在问题和充分了解自身优势的基础上，有的放矢地拿出对策。从目前看，博物馆走内涵式发展道路至少应把握以下五个环节。

1. 坚持科学规划布局

要夯实博物馆建设的基础，规划是关键。博物馆建设的规划应纳入城市社会经济发展总体规划。博物馆建设的总体布局、数量规模、质量效益必须与城市社会经济发展相适应。博物馆建设必须坚持对历史和未来负责任的原则，始终遵循博物馆建设发展的客观规律，在选址上，要定位在人群集中区域，因为无论是社会效益或是经济效益，都要通过"人"来体现；在理念上，要突出"以人为本""以文化人"和"文化的沉淀"。

文化消费是要把去博物馆、图书馆、影剧院消费作为常态消费，而绝对不是精英消费。要坚决打破博物馆是贵族、社会名流、研究人员等少数人古物陈列所、学术据点，让博物馆真正成为普通老百姓的"精神家园""文化绿洲""知识殿堂""城市客厅""文明窗口"。

在外观设计上，既要充分考虑地域文化、民族风格、城市形象、馆藏特色、研究方向等元素，也要充分考虑时间、空间、地理等元素；既要彰显独特风格，体现大气，又要凸显时代特色，体现庄重和典雅。

在内部设计上，既要有设计精美的展厅、别致的展柜，又要有一流的视听设备；既要有残疾观众的通道和卫生间，还要供观众休息的阅览室、餐厅和咖啡厅；既要有规范有序的办公场所，也要有花园式、园林式的博物馆环境。

在建馆的决策上，既要听专家的意见，又要听老百姓的意见。专家提供专业建议，确保学术和吸引力兼备。而老百姓代表公众需求，使博物馆贴近大众。通过专家咨询、公众听证会和调查问卷等方式，综合意见。综合意见可提高决策的准确性、合法性和公共价值，促进博物馆发展。

2. 注重文化机制建设

从我国文化建设自身看，文化领域正在发生广泛而深刻的变革，文化发展取得了巨大成就。从体制上讲，博物馆必须建设结构合理、功能齐全、运转高效的管理体制。从机制讲，就是要建立与文物利用、科学研究、社会教育、人才建设相适应的激励推进机制。这样博物馆才能呈现催人奋进、优秀人才脱颖而出的生动局面。

3. 加强专业人才管理

国际竞争的实质是综合国力的竞争，综合国力的竞争说到底是高素质人才的竞争。博物馆与博物馆的竞争，实质上也是专业人才和管理人才的竞争。要建设国际一流的博物馆就必须建立一流的文博人才队伍。从博物馆的结构功能看，目前至少要建设四方面高素质的人才队伍。

（1）建设一支精本职、通相关、懂邻近的文博专业人才队伍，这支队伍由大量的高学历和高职称人才组成，他们主要从事以文物开发利用和地域传统文化为主的科学研究，这支队伍应当成为博物馆持续发展的"专家库"。

（2）建设一支政治强、业务精、会协调、善管理的行政管理队伍，这支队伍主要负责博物馆的日常运转、安全保卫和协调管理，这支队伍应当成为博物馆持续发展的"智囊团"。

（3）建设一支作风实、精打细算、默默奉献的后勤人才队伍，这支队伍主要负责博物馆的经费预算、经费管理、物资采购、物资管理、基建工程、绿化美化等工作，这支队伍应当成为博物馆持续发展的"管家"。

（4）建设一支懂市场、会经营、善开发的市场营销队伍，这支队伍主要负责博物馆的文化产品包装宣传和市场运作，壮大博物馆的创作功能，这支队伍是拖动博物馆持续发展的"助推器"。

4. 大力发展文化产业

大力发展文化产业，是市场经济条件下满足人民群众多层次、多样化精神需求的必然选择。因此，博物馆走内涵式发展，只要充分发挥公共服务的独特优势，就能把文化产业做大做强。因此，我们必须把挖掘、发展繁荣地域文化研究与推动博物馆文化产业有机结合和深度融合，才能促进博物馆的可持续发展。

5. 增强品牌宣传意识

博物馆的影响力、知名度和美誉度，一方面靠实力取胜，另一方面靠多渠道、大纵深、全天候的品牌宣传。在具体操作中应该强化三种意识。

（1）强化策划意识。主动超前策划、未雨绸缪就是品牌宣传终端环节的一种预见性和目的性前期运作，这是做好博物馆品牌宣传工作的首要环节。策划和设计既是博物馆品牌宣传的前提，也是博物馆品牌宣传上档升级的关键。博物馆品牌宣传必须针对不同档期、任务、对象、重点、主题、要求，精心谋划、超前策划、周密计划、耐心细化品牌宣传实施方案和资源配置，从而做到有的放矢，达到事半功倍的效果。

（2）强化服务意识。博物馆的宣传部门要牢固树立宣传博物馆是天职、不宣传就是失职的意识，要深入研究、展览、讲解等部门了解挖掘品牌宣传的生动素材，及时与中央及市属新闻媒体进行沟通，保持联络和信息畅通，内刊、内网、信息简报要及时刊登报道博物馆在实际工作中所取得的新鲜经验、成功做法和先进典型。

（3）强化精品意识。精品意识就是追求卓越，打造经典。精品就是博物馆品牌宣传的主攻方向。要把博物馆的品牌宣传做成精品，就必须在健全品牌宣传的组织机构、优化部门协调、集中优势力量攻关等方面下功夫。博物馆的品牌宣传必须在创意策划、主题构思、形式设计、品牌打造等方面多听民意、多顺民心、广纳民智，在广泛听取观众和集聚群众智慧的基础上，动员各方面的力量，采取座谈讨论、专题研讨、内外联合、左右互动、上下联动、广结善缘等方式，在宣传博物馆的深度、厚度、力度、广度等方面下功夫，力争使博物馆的品牌宣传既气势恢宏，又具体实在；既形式新颖，又喜闻乐见；既鼓舞人心，又催人奋进，从而形成"气顺、心齐、风正、劲足"和"敬业、勤业、精业、创业"的浓厚氛围。

6. 深化品牌特色研究

博物馆要造"风景"、铸"品牌"，就必须根据自身的优势，结合本地区、本馆实际，采取主动与兄弟博物馆、当地高校、社科院、社科联及至民营文化机构开展一些地域文化、地理名胜、人物、历史事件等研究，通过研究，进一步挖掘当地文化瑰宝，在展示当地文化特色上出奇制胜，形成独特的研究成果。地域文化就是一种特色，加强对地域文化的挖掘、保护、传承和研究是我们各个博物馆的应尽之责。实践证明，加强地域文化研究，是可以独树一帜和大有可为的。

（二）博物馆内涵式发展的策略

和平与发展的时代主题和现代科技的飞速的发展，是使"涵化"发展的重要因素，当今现代社会的"涵化"形式也从强制"涵化"转变为"自由式"介入为主，从群体"涵化"为主向个体"涵化"为主转变。博物馆的"涵化"能力是指博物馆在面对社会变革和观众需求多样化的情况下，通过创新和变革来适应并满足这些需求的能力。

以下是一些博物馆可以采取的策略，以发挥其"涵化"能力。

第一，社区参与。与社区建立密切联系，了解其需求和兴趣，并积极邀请社区参与博物馆的活动和决策过程。这可以通过举办社区活动、展览和讲座，开展社区合作项目等方式实现。

第二，创新展示方式。博物馆可以采用创新的展示方式，例如利用虚拟现实和增强现实技术，将展览与互动体验相结合，提供更丰富、多样化的参观体验。

第三，多元化展品。博物馆应该努力展示多元化的展品，包括各种文化背景、艺术形式和历史时期的作品。通过展示多样性，博物馆可以吸引更广泛的观众，并满足不同人群的兴趣和需求。

第四，教育项目。博物馆可以发展教育项目，包括学校参观计划、工作坊和讲座等，以促进观众的学习和参与。这些教育项目可以针对不同年龄段和兴趣群体，提供定制化的内容和活动。

第五，数字化转型。博物馆可以利用数字化技术，将展品和信息在线上呈现，提供虚拟展览和在线学习资源。这样可以扩大博物馆的影响力，吸引更多的观众，尤其是那些无法亲临博物馆的人群。

第六，合作与联盟。博物馆可以积极与其他文化机构、教育机构和社区组织建立合作关系和联盟，共同开展项目和活动。这样可以共享资源、知识和观众群体，提高博物馆的可持续性和影响力。

第七，持续创新和评估。博物馆应该鼓励持续创新，并及时评估和调整策略。这需要与观众保持沟通，了解其反馈和需求，并根据市场变化和社会趋势做出相应的调整和改进。

总之，通过采取这些策略，博物馆可以更好地发挥其"涵化"能力，适应社会的变化和观众的需求，保持其吸引力和影响力。

第三节 博物馆的跨界融合

一、博物馆的跨界融合理论依据

在博物馆的跨界融合中,使用了许多不同的理论和方法。以下是一些常见的理论。

第一,参与性理论。博物馆通过提供参与性体验,鼓励观众与展览进行互动和合作,使观众成为展览的参与者而非被动的观看者。

第二,学习理论。博物馆使用学习理论来设计展览和教育项目,以促进观众的学习和知识获取。其中包括建构主义学习理论和社会认知学习理论等。

第三,游客研究理论。通过游客研究理论,博物馆可以了解观众的需求、兴趣和反应,并根据这些信息来改进展览和服务,提供更好的观众体验。

第四,体验经济理论。博物馆通过创造丰富而有意义的体验,将观众吸引到展览中,并提供与传统展示不同的、独特的价值。

第五,社交学理论。博物馆运用社交学理论来理解观众之间的互动和社会关系,并通过设计展览和活动来促进社交交流和共同体验。

第六,科技和数字化理论。随着科技的不断发展,博物馆利用数字技术、虚拟现实、增强现实等工具来增强观众的参与和互动,提供更具创新性和多样性的展览体验。

第七,跨文化交流理论。博物馆在展览设计和教育项目中考虑到跨文化交流的挑战,以促进不同文化背景的观众之间的理解和对话。

这些理论和方法在博物馆的跨界融合中通常相互交叉和融合,以创建更具吸引力和有意义的展览和体验,提供给观众独特的文化和艺术交流平台。

二、博物馆跨界融合的优势与路径

(一)博物馆跨界融合的优势

第一,馆藏资源优势。我国各类博物馆收藏着上千万件的历史文物、革命文物和自然标本,仅浙江省博物馆就拥有青铜器、瓷器、玉器、石刻等文物及标本 10 万余件,品类丰富,珍品荟萃。其中,河姆渡文化遗物、良渚文化玉器等文物,都是极具地域特色及学术价值的珍品。

第二，空间资源优势。博物馆通常是一个城市文明的重要标志，独具风格的建筑景观、幽雅舒适的环境和现代化的服务设施，使其成为公众文化休闲的好去处。

第三，博物馆跨界融合的品牌资源优势。博物馆实行免费开放以来，社会价值日益凸显，打造了一批文化传播品牌项目。例如，浙江自然博物馆不断拓展自然科普类展示内容和形式，有效实施"共建共享、文化惠民"的公共文化服务方略，这些都将成为博物馆文化资源在跨界集群开发中的强劲优势。

第四，博物馆跨界融合的智力资源优势。博物馆是基于"物"为载体的公众终身学习场所，其教育形式是其他教育机构无法替代的。博物馆内部的专业研究人才、陈列展示和宣教人才，以及向社会招聘的志愿者、联姻合作的中小学校教师、大专院校科研人才、媒体策划人才等，都是博物馆文化传播的重要力量，与其知识信息、创意活动、研究成果、教育设施、传播技术和先进设备等共同形成充沛的智力资源，是提升博物馆活力、推进博物馆可持续发展的有力保障。

第五，市场活力。随着社会文化产业的迅猛发展，我国城乡居民文化、教育和娱乐消费支出显著增长。文化消费快速增长的势头，无论是对刺激博物馆事业、文化产业自身发展，还是对整个国民经济在扩大内需方针下的促进作用，都是显而易见的。随着以制造业为主体的工业社会向以服务业为主的后工业社会的社会经济结构的转型，文化消费需求随之凸显，公众对博物馆的需求呈多元化，博物馆将被视为主要的文化消费场所。

第六，示范引领。随着政府对于文化创意产业的政策支持，许多博物馆已经开始在文化创意产品上发力，先后涌现出许多集创意、文化、审美、实用于一身的博物馆文化创意产品，在文化创意产业发展方面也已经形成了较为完整的博物馆文化创意产业链。

（二）博物馆跨界融合的路径

1. 博物馆+新媒体业的融合路径

（1）大力提升信息交流共享的深度与广度。博物馆应充分利用新媒体对公众的信息传递与覆盖远超传统媒体的优势，运用互联网、手机媒体、移动电视、电子报纸等运作平台的媒体形态，使博物馆文化信息覆盖跨时空，增强与社会公众信息沟通、交流和共享的广度与深度。

（2）积极增强受众的交互性和趣味性。博物馆应广泛运用新媒体的创新性、互动性、多元化和个性化优势，联姻信息企业打造一批数字化博物馆，使博物馆内容得以衍生和拓展，增强受众参观博物馆的交互性和趣味性。

中国国家博物馆联合开发商开发了"掌上国博—文博任我行"手机自助导览。这是供观众通过手机或导览机自助享受国家博物馆文物讲解服务的手机导览软件，可安装于手机和平板电脑等移动终端。观众既可以通过输入文物导览编号来收听图文并茂的随身讲解，也可以按展厅和文物分类直观查询和收听讲解。它还是观众互动体验活动的平台，获取馆内服务信息的渠道，更具知识性、趣味性和交互性。

（3）借助社会网络平台有效扩大传播维度。博物馆要加强与信息产业的互联，借鉴国外开设"分享资源服务"的成功经验，按用户类型划分，通过数字化资料的展示，实现博物馆网站向社会化媒体靠拢的传播与交流，使用户可将感兴趣的内容分享到社交网站，借助于社会网络平台传播知识。

（4）积极推进文化资源的数字化和共享化建设。

第一，支持数字文化、文化信息资源库建设。利用图书馆文化信息共享平台，促进博物馆网站和虚拟博物馆建设，实现文化资源梳理与共享。

第二，驱动文化产业与数字化技术全面、深度融合发展。加强与数字、信息、互联网等核心技术的攻关和研发，通过新媒体业开创的未来互联网、大数据处理、人工智能、高性能计算与服务环境、虚拟现实与智能表达等重大技术系统的融合，打造智慧博物馆等一批文化科技共性技术平台。

第三，培养、拓宽数字文化市场。利用传统文化资源抓住成长中的"网络一代"，培育适应互联网、移动终端等载体的文化产品消费市场和潜在观众，促进和拉动具有传统文化精髓的网络音乐、动漫游戏、电子图书等数字文化消费，包括城乡居民在图书、影视、音乐、展览、演艺、文化旅游等大众文化领域数字化消费意识，从而开拓出巨大而广阔的市场空间，影响文化的供给与消费。

2. 博物馆+教育业的融合路径

（1）共享教育智力资源，积极开发实践课程活动。教育业是以教育资源为资本或对象所进行的生产和劳务的综合行业，包括人力资源产业、科技产业、校办企业和教育服务业。

（2）发挥教育人才资源优势，拓展教育科研队伍。四川博物馆发挥藏品资源和高校智力资源优势，与四川大学共建"科研创新中心"学术研究团队等做法，为博物馆跨界聚力、推进文化传播起到了很好的作用。

博物馆与社会的跨界融合，用文化搭建共享平台，用双赢集成创新合力，用时尚激活传统文化，从而形成良性循环的、具有立体感和纵深感的博物馆文化圈，实现文化事业与文化产业"1+1>2"的倍增效应，这也正是博物馆优秀传统文化历久弥新、发扬光大，以及文化创意集群已具雏形、新兴文化产业高地崛起的发展趋势。

3. 博物馆+旅游业的融合路径

（1）建设博物馆文化旅游大联盟。国内博物馆应抓住发展契机，通过行业协会建立博物馆文化旅游大联盟，共同打造目标市场的文化旅游特色品牌。

（2）开发具备博物馆特色的文化创意产品。博物馆应借力旅游业及其他相关产业之间的资源优势，合作开发艺术性和实用性有机统一的系列文化衍生产品。

4. 博物馆+现代服务业的融合路径

（1）连接营销商机，提高服务质量。博物馆只有融入这些具有高技术、高素质、知识密集性、集群性、高增值性和新兴性等现代服务产业[①]，才能实现其高质量的服务。博物馆的服务有接待服务、展区服务、后勤服务、营销服务等，因此，博物馆可与相关服务业联姻，促进博物馆各类文化休闲服务的开展。如浙江自然博物馆与企业联合运营的礼品商店、儿童游乐场等服务，也是促进文化事业和文化产业发展的一种新尝试。

（2）引入智力资源，开拓服务路径。依托信息服务和网络通信等资源，拓展文化信息的多向传播渠道和多功能信息服务，也是提升博物馆服务品质的重要途径。

第四节 博物馆高质量发展

博物馆高质量发展是指博物馆在各个方面实现持续改进和创新，以提供更好的展览、教育、研究和服务。博物馆高质量发展策略如下。

第一，完善顶层设计，鼓励特色化发展。博物馆高质量发展首先离不开科学、全面的顶层设计。国家文物部门需统筹规划不同地区、不同层级博物馆的建设与发展，协调和指导不同属性、不同类型博物馆的发展，支持和鼓励地方建设，发展具有当地特色的博物馆，避免同质化重复建设现象的产生，营造包容、多样的博物馆生态环境，满足不同群体对多元文化的需求。另外，还应加大对中小型博物馆的扶持力度，支持和鼓励博物馆间人员、馆藏等资源的流动，促进博物馆行业均衡发展。

第二，解放思想，推动行业创新发展。博物馆管理者和从业人员需要接纳新思维和理念，将博物馆视为教育、社交和文化创新的中心。与其他机构、学校、艺术家和社区合

[①] 现代服务业既包括现代化进程中的新型服务业，如网络通信、数字影视、网络传媒、IT信息服务、现代物流、远程教育、电子商务等，也包括以现代化的新技术、新业态和新服务改造和提升的传统服务业，如通信业、信息咨询、金融服务业等。

作，共同策划展览、项目和活动，拓展影响力和参与度。提供教育与培训计划，培养博物馆人员的创新能力和专业水平。融入社区，了解社区需求，并提供教育和文化服务，增强社会认同感和归属感。建立有效的评估机制，听取参观者和利益相关者的反馈意见，及时调整和改进展览内容、教育项目和服务质量。博物馆需要在观念、技术、展览、合作、教育、社区参与以及评估反馈等方面全面而持续地努力，以实现高质量发展。

第三，加强博物馆协会聚合作用，推动博物馆行业均衡、稳定发展。博物馆协会是介于政府和博物馆之间，提供服务、咨询、沟通、监督、协调等作用的社会中介组织。作为博物馆行业中重要的社会组织，博物馆协会应进一步协调馆与馆间、馆与高校间、馆与企业间的交流合作，收集博物馆工作中急需解决的困难和问题，组织专家学者研究、解决工作中的难题，沟通、协调区域间人员交流和资源共享，组织线上、线下学习，高标准监督博物馆运行，确保博物馆的可持续发展。

第四，强化自身学习，提升职业素养。博物馆从业人员应不断学习，提升自我。首先，博物馆工作者应学习并遵守职业道德准则，在合法、合规、符合职业操守的前提下开展工作。其次，积极主动学习业务技能，除理论学习外，还应加强计算机、新媒体等技术和文物保护设施设备原理与操作的学习。另外，博物馆工作者应注重人际沟通，积极与公众和媒体沟通交流，树立良好的社会形象；加强与同行、专家、收藏家等的交流，扩展业务信息来源。

第五，多方联动，完善人才培养体系。人才是行业发展的助推剂。为推动博物馆行业高质量、持续、稳定发展，须加强政府、行业、博物馆、高校的联动，完善人才培养体系。政府应积极引导、鼓励博物馆与高校间的合作办学与人才培养，行业协会积极制定合作办学与行业人才培养标准，协调和指导馆校合作，为人才培养搭建平台。高校应开辟多元渠道，引进人才，创新培养模式，优化学科布局，加快学科发展和多层次人才培养，提高在职继续教育和职业培训质量。博物馆应支持行业内人才培养工作，既要让高质量人才"走出去"，培养后备力量、宣传优秀工作案例，又要为青年人才创造继续学习的机会。

第二章 文物保护的理念与管理

第一节 文物的界定

一、文物的特征

文物是人类文明发展的见证和遗存，具有独有的特征和价值。文物的特征可以从多个方面进行描述。

第一，文物具有历史性。文物承载着历史的沉淀，记录了人类社会的发展轨迹和文化的演变。它们是过去时代的见证，通过文物可以了解到古代社会的制度、风俗、艺术、科技等方面的信息。每一件文物都是历史的重要片段，反映了当时人们的生活方式和思想观念。

第二，文物具有独特性。每一件文物都有其独特的形态、材质、装饰和工艺特点。这些特征与当时的地域、民族、制作工艺等紧密相关，展示了各个时期和地区的独特文化风貌。通过研究文物的独特性，可以深入了解不同历史时期的文化特色和人们的审美观念。

第三，文物具有珍稀性。由于历经岁月的洗礼和文化的流传，很多文物已经珍稀且无法复制。它们代表了人类文明发展的独特阶段和成就，具有很高的历史、艺术和科学研究价值。文物的稀有性使其成为稀世珍宝，备受人们的关注和珍视。

二、文物的分类

文物的分类既是文物研究的重要内容，也是文物研究的主要方法，其本身也是一门学科，它是按照一定标准对各种类型文物进行科学分类，以便对文物从个体到群体、从微观到宏观，进行深入的科学研究，探讨它的发展规律，认识它的价值，充分发挥它的作用。

（一）文物分类的目的

第一，便于文物的科学管理。①未分类的文物处于一种无序状态，对文物进行科学的分类可以加强对文物的区分和认知；②不同文物具有不同特点，需要采用不同的方法、措施进行管理；③这也是实行计算机管理的客观需要。

第二，便于文物的整理研究和利用。这有助于诠释、理解文物的内涵和追踪藏品的生命周期。

第三，便于更好地保存文物。组成文物的材质不同，其理化性质有明显差异，因而对存放环境的要求和所采用的保护方法、措施也不同。只有在对文物进行合理分类的基础上，才能针对不同材质的文物构建适宜的保存环境。

第四，便于建立数字化博物馆，更好地为观众服务。例如，观众可以通过互联网查询文物的信息、理解文物的内涵，并且找到类似属性的其他文物，增加对藏品的了解。

(二) 文物分类的意义

文物的分类对文物研究的重要性自不待言，其对文物保管也具有十分重要的意义：

第一，有利于馆藏文物的科学保护和保管。因文物质地不同，其物理性能和化学成分亦不相同，所以对温度、湿度、光照、生物（微生物）的反应和要求也各不相同，从而给文物保管工作带来很大困难。当馆藏文物按质地分类后，就可以根据文物质地对保管的要求设置专门的文物库房，然后将同一质地的文物保存于同一库房内，按需要对温度、湿度进行必要的调控。

第二，有利于分级保管。按文物的等级进行分类，针对不同等级的文物采取相应的措施，有利于对文物加强保护和管理，如一级文物须配备文物专柜进行保管。而文物史迹则分为全国文物保护单位、省（自治区、直辖市）文物保护单位和县（市）级文物保护单位，分别由国务院和省、县级人民政府核定公布。这既说明它们的价值有高低之分，又说明对它们的保护管理须采取不同的办法。关于保护管理方面的重大问题，分别由公布文物保护单位的人民政府及其主管部门决定，常规的保护工作均由其所在地人民政府负责。因此，只有对庞杂的文物进行科学分类，才能便于管理，这样既能确保文物的安全，又能方便文物的查找、整理、研究和合理利用。

(三) 文物分类的方法

文物是人类的历史文化遗存，文物的复杂性表现为：时代或年代不同，质地不一，种类众多，功能各异。文物分类原则包括：遵循同一标准；按一定标准将同类型文物归为一类；一种分类法只能有一个统一的标准；对复合体文物进行分类，以约定俗成为原则。人们把复杂的文物按照一定的标准进行分类，有利于进一步研究、保护和宣传。目前，常用的文物分类方法如下。

1. 外在型分类法

外在型分类法是指根据文物暴露在外的形态、质地与功用等形象或元素，对文物进行分类。

（1）形态分类法。形态分类法是对文物进行分类的一种方法，根据文物的形态特征、用途、制作材料等方面的不同进行分类。它主要通过对文物的形态进行细致观察和研究，将文物按照一定的规则和标准进行归类，以便更好地理解、保护和研究文物。

形态分类法通过对文物的形态分类，可以更好地理解不同历史时期的文化特征和发展变化。文物作为历史的实物遗存，其形态特征反映了当时的社会、经济等方面的情况，通过分类研究可以还原历史文化的面貌。文物形态分类有助于制定文物的保护措施和修复方案。不同形态的文物存在着不同的损害和老化情况，通过分类可以对不同类别的文物进行有针对性的保护工作，延长其保存寿命。总之，形态分类法是对文物进行分类和研究的一种方法，通过对文物的形态特征、用途和制作材料等方面进行分类，可以更好地理解、保护和研究文物，还原历史文化，促进学术交流。

（2）质地分类法。质地分类法是以制作文物的材料为标准对文物进行归类。文物是由一定的物质材料制作而成的文化遗物，由于所用物质材料具有多样性，因此根据材质的不同对文物进行归类，是文物质地分类法的出发点。

质地分类法主要用于对古器物进行归类，这种方法有着悠久的历史。在馆藏文物的分类法中，此方法的运用较为普遍。按质地对文物进行分类有利于文物的保管，一般可将器物分为：石器、玉器、骨器（含骨器、牙器）、木器、竹器、铜器、铁器、金器、银器、铅锌器、锡器、瓷器、漆器、玻璃器、珐琅器、纺织品、纸质类文物等。博物馆的文物库房一般也是按文物的不同质地来分区。

（3）功用分类法。功用分类法是以文物的功用作为标准进行分类的方法。文物作为社会生产和社会生活的遗存，都曾在人类活动的历史中起过或多或少的作用，人类在制作它们的时候，都具有一定的目的。任何一种文物都有它的用途。在对文物进行分类时，可通过对其功用的研究，把功用相同或相近的文物归为一类，形成不同的类别。但文物的功用与其形制、种类是分不开的。形制是文物的外在，较为形象、具体，看得见、摸得着；功用是其内涵，通过其外在的形制发挥作用。

功用相同的文物，产生的历史时期、质地未必完全相同。例如，农具中既有石质农具、木质农具，又有青铜质农具和铁质农具；兵器也有石制、骨制、铜制、铁制等。这些质地不同的农具和兵器，其产生的历史时期也不完全相同。

此种分类法可把不同时期某一功用的不同质地的文物聚集到一起，对研究其产生、发展、变化以及在不同的历史时期所处的地位和所起的作用十分有利，并且对研究专门史具有重要意义。

2. 内在型分类法

（1）时代分类法。时代分类法是以文物制作的时代为标准对文物进行分类的方法。任何文物都产生于一定的时代，这是对文物按时代进行分类的依据。把同一时代的文物集合到一起进行归类，可为进一步研究各个时代的文物打下基础。按时代对我国文物进行分类，总体上可分为古代文物和近现代文物。

第一，古代文物。古代文物是指古代历史发展进程中遗留下来的遗迹和遗物，也称古代物质文化和精神文化遗存，范围十分广泛。古代文物分为两部分：文物史迹与文化遗物。

第二，近现代文物。相比"古代文物"来说，近现代文物存在时间较短。虽然种类多，但由于这些文物产生于我们生活的时代，分类相对要直观、理性一些。近现代文物主要有革命文物、民族文物和民俗文物等。

（2）区域分类法。区域分类法是以文物所在地点为标准对文物进行分类的方法。区域分类法，就是以此为根据的。按照文物所在的区域进行分类的优点是，可使人们对某个区域的文物有比较全面的了解，为研究该地区的历史提供比较全面的资料，尤其有利于加强对文物实行分区域的管理。以区域分类法对文物进行归类，首先要对区域进行范围界定。通常有的以行政区进行划分，即国家权力机关或政权机关批准的行政区域，这些区域有严格的划分界线；还有以自然地理位置进行区域划分，即地理（自然）区域，这个区域的界线是模糊的。

（3）价值分类法。价值分类法是以文物价值为标准对文物进行归类，主要根据文物价值的高低来区分。根据中国文物法规规定，文物史迹，即古建筑、石窟寺、石刻、古遗址、古墓葬、纪念遗址或建筑物等，依据其价值的高低，由各级人民政府公布为全国重点文物保护单位、省（自治区、直辖市）文物保护单位和县（市）级文物保护单位。馆藏文物，即石器、玉器、陶器、铜器、铁器、金银器、瓷器、漆器、工艺品、书画等，依其价值高低，分为珍贵文物（一级文物、二级文物、三级文物）和一般文物。价值分类法有助于确定哪些文物具有重要的历史、文化和艺术价值，从而优先保护和管理这些文物。通过将文物分为不同的价值类别，可以制定相应的保护措施，确保文物的传承和保存。该方法可以帮助管理机构和文化遗产保护部门合理分配资源。对于那些具有较高价值的文物，可以给予更多的关注和投入，以确保其保护和研究的顺利进行。

(4)属性分类法。属性分类法是以文物的社会属性以及科学文化属性作为标准对文物进行归类的方法。在运用此种方法对文物进行分类时,首先要研究文物的用途及其深层含义。属性分类法为研究人员提供了一个系统和标准的分类框架,有助于他们理解、比较和研究不同类型的文物。这种分类法可以揭示文物之间的相似性和差异性,推动相关学科的发展。

属性分类法可以帮助文物保护者和管理者更好地组织和管理文物收藏。通过分类和整理文物,可以更好地掌握文物的数量、状况和价值,有助于制定保护策略和计划,可以作为文物展览和教育活动的基础。人们通过按照属性分类展示文物,可以更好地向公众传达文物的历史、文化和艺术价值,提升观众的体验和理解。总之,属性分类法是一种有助于理解、保护和研究文物的方法。它通过分类和组织文物,提供了一个系统的框架,方便研究人员和文物保护者进行文物研究、管理和展示。

三、文物的价值

文物是人类历史的见证和记忆,是过去文化遗产的重要组成部分。它们是通过不同的材料、形态和艺术风格所表现出来的物质文化遗存,具有深远的价值。

第一,文物具有历史价值。它们承载着过去的时光和故事,记录着人类文明的发展轨迹。通过研究文物,我们可以了解古代社会的政治、经济、文化和科技状况,揭示人类文明的起源和演变。文物是历史的见证,能够帮助我们还原过去的生活方式、思想观念和艺术成就,让我们更好地认识自己的文化传统和身份。

第二,文物具有艺术价值。文物反映了人类创造力和审美追求的成果。无论是古代绘画、雕塑、陶瓷、建筑还是工艺品,它们都展示了独特的艺术风格和技艺水平。通过欣赏和研究文物艺术,我们能够欣赏到不同历史时期和地域的艺术之美,领略到不同文化传统的独特魅力。文物的艺术价值不仅是美学享受,更是对人类创造力的尊重和传承。

第三,文物具有社会价值。文物是一个国家和民族的宝贵财富,也是民族文化认同和自豪感的象征。保护、传承和展示文物,能够激发社会对历史和文化的兴趣,促进公众的文化素质和文明修养。文物的保护与传承需要社会各界的共同参与和努力,通过文物的活化利用和文化旅游的推动,还可以为社会经济发展带来新的机遇和动力。

第四,文物具有科学价值。通过对文物的科学分析和研究,我们可以获得许多有关材料、技术和环境的信息。例如,通过对古代陶瓷的化学成分分析,可以了解到古人的制作工艺和原料来源;通过对古代纸张的纤维结构分析,可以推断出纸张的制作年代和产地。这些科学研究成果对于历史、考古、文物保护和文化产业的发展具有重要意义。

总之，文物作为人类文明的遗产，具有历史、艺术、科学和社会价值。它们通过时间的洗礼，不断提醒我们珍惜历史、传承文化，并为我们探索过去、理解现在和构建未来提供了重要的参考和启示。保护和传承文物，是我们对历史的敬意，也是对未来的责任。

第二节 文物保护的理念

一、文物保护的理论依据

文物保护涉及多种理论和方法，以下是一些适用于文物保护的重要理论。

第一，保护理念。保护理念包括保护文物作为人类共同遗产的理念，以及保护文物对于理解历史、文化和人类社会发展的重要性的认识。

第二，传统保护理论。传统的文物保护理论包括保护原则、保护准则和保护伦理等。这些理论强调对文物的保护、修复和维护应遵循一定的原则和准则，包括最小介入原则、真实性原则、可逆性原则等。

第三，文化景观保护理论。文化景观保护理论关注整体环境中的文化遗产，强调文物与周围环境的关系。这些理论强调文物的环境整体性和可持续性保护。

第四，可持续性发展理论。文物保护应与可持续性发展原则相结合，考虑社会、经济和环境的平衡。这种方法强调通过文物保护促进社会经济发展，同时保护环境和社会公正。

第五，参与性保护理论。这一理论认为，文物保护应当由社区和利益相关方广泛参与，尊重他们的观点、需求和权益。这种方法鼓励社区参与决策过程，并将文物保护与社区发展紧密结合。

第六，文化多样性理论。文物保护应重视和尊重各种文化传统和表达形式的多样性。这种方法认为，文物保护不仅仅是保护特定的文物，还要尊重和保护各种不同文化背景的人们的权益。

第七，科学技术理论。文物保护需要借助科学技术手段，包括材料分析、修复技术、数字化技术等，以保护、研究和展示文物。

这只是文物保护领域中的一些重要理论，实际上还有许多其他理论和方法与文物保护相关，具体取决于不同的文化背景、历史背景和保护目标。

二、文物保护的目的

文物保护的目的是保护和传承人类文明的宝贵遗产。文物是人类社会发展的见证,它们承载着历史的记忆和文化的精华,代表着一个国家、一个民族的独特文化传统和精神追求。因此,文物保护具有重要的意义和价值。

第一,文物保护的目的在于保护历史记忆。文物记录了人类社会的发展轨迹和演变过程,是了解历史的重要窗口。通过保护文物,我们能够从中获取宝贵的历史信息,探索过去的智慧和经验,认识和理解人类文明的起源和演进,从而更好地把握现在和未来。

第二,文物保护的目的在于传承文化遗产。文物是民族文化的瑰宝,蕴含着丰富多样的文化内涵和精神价值。通过保护文物,我们能够传承和弘扬民族的文化传统,使其得以传世,使后代子孙能够了解和认同自己的文化根源,保持文化的连续性和稳定性,促进文化多样性的发展。

第三,文物保护的目的还在于促进旅游和经济发展。许多文物具有独特的艺术价值和观赏价值,吸引着大量游客前来参观和欣赏。保护好文物,可以提升旅游业的吸引力,推动相关产业的发展,带动当地经济的繁荣。同时,文物也是文化创意产业的重要资源,通过挖掘文物的价值,可以推动文化产业的创新和发展,为经济增长注入新的动力。

第四,文物保护的目的在于传递人类智慧和价值观。文物是人类创造的杰作,体现了人类对自然和社会的认知和感悟,反映了人类的智慧和价值观。通过保护文物,我们能够传递这些智慧和价值观给后人,让他们从中汲取启示和教益,培养正确的世界观和价值观,推动社会的进步和发展。

总之,文物保护的目的是多方面的。它不仅是为了保护历史记忆和传承文化遗产,还有助于促进旅游和经济发展,传递人类智慧和价值观。通过继承和传承文物,我们能够更好地认识自己的根源,保持文化的多样性和连续性,促进人类社会的和谐发展。因此,文物保护是每个社会成员的责任和义务,需要我们共同努力。

三、文物保护的意义

文物保护是指对历史、文化和艺术遗产进行保护、研究和传承的一项重要工作。它具有广泛而深远的意义,对于个体、社会和全人类来说都具有重要的价值。

第一,文物保护的意义在于维护个体的身份认同和历史连续性。文物是一个国家、一个民族或一个社区的独特象征和标志。通过保护文物,我们能够更好地了解自己的历史和文化传统,从而塑造和巩固我们的身份认同。文物的存在和传承可以使个体感到自豪,并加深对自己所属群体的归属感。

第二，文物保护对社会具有重要的教育和启发作用。文物是历史的见证，它们记录了人类社会的发展和演变过程。通过研究和展示文物，我们能够向人们展示不同时代的生活方式、技术和艺术成就，让人们了解过去的智慧和经验。文物也可以激发人们的想象力和创造力，促进艺术和文化的创新和发展。

第三，文物保护对于保护环境和可持续发展具有重要意义。许多文物都与自然环境和人类活动密切相关。保护文物意味着保护与其相连的自然和人文环境。文物保护鼓励人们尊重自然资源，保护生态系统的完整性，并提倡可持续发展的理念。通过保护文物，我们能够更好地保护地球上的多样性和生态平衡。

第四，文物保护对于人类整体的文化遗产保护具有重要意义。文物是全人类的共同财富，是人类文明的宝库。保护和传承文物意味着保护和传承整个人类的文化遗产。文物不仅属于一个国家或地区，而是属于全人类。通过共同努力，我们能够保护和传承世界各地的文化遗产，让后代能够继承并受益于这些宝贵的财富。

总之，文物保护具有重要的意义。它维护个体的身份认同和历史连续性，对社会教育和启发具有积极作用，促进环境保护和可持续发展，并保护和传承人类的文化遗产。我们应该高度重视文物保护的工作，并共同努力，为后代留下丰富多彩的历史和文化遗产。

四、文物保护的原则

第一，完整性原则。保护文物应当尽可能保持其完整性。这意味着在进行任何处理或修复文物的过程中，应当尽量避免破坏或改变其原有的结构、形态和特征。保护者应当尊重文物的原貌，不擅自删减或改动，确保文物的整体完整和真实性。

第二，可追溯性原则。在对文物进行保护和修复时，应当确保所有的行为都能够追溯和记录下来。这包括对文物的历史、修复方法、材料等进行详细的记录和文献资料的整理，以便后续的研究和保护工作。这样可以为未来的保护工作提供参考，并保证修复和保护工作的可靠性和透明度。

第三，最小干预原则。文物保护应当遵循最小干预的原则，即在必要的情况下进行最小限度的修复和处理。这意味着应当尽量保留文物的原始状况，只进行必要的修复和加固，以最大限度地减少对文物的干扰和改变。保护者应当谨慎对待文物，只在必要的情况下进行修复，尊重其历史沉淀和时间的痕迹。

第四，材料真实性原则。在文物保护中使用的材料和工艺应当符合文物的原始特征和历史背景。这意味着在修复和保护过程中应当尽量使用与原材料相似或相同的材料，并采用符合古代工艺和技术的方法。使用符合文物原貌的材料和工艺可以保证修复的真实性和持久性，使得修复后的文物更加贴近其历史面貌。

第五，可逆性原则。在进行文物修复和保护时，应当尽量采取可逆的方法和技术。这意味着修复和保护的行为和材料可以在必要时进行撤销或更改，以便于未来的保护工作和研究。这样可以为后续的保护工作留下回旋的余地，使得文物在未来的发展中能够得到更好的保护和利用。

第六，科学性原则。文物保护应当遵循科学的原则和方法。这包括对文物进行科学的调查和分析，采用科学的修复和保护技术，以确保对文物的保护工作具有科学性和可靠性。通过科学手段对文物进行研究和保护，可以更好地理解文物的历史和特点，并制订科学合理的保护措施。

总之，上述原则是文物保护的基本指导原则，旨在保护和传承珍贵的文化遗产，同时尊重文物的历史、真实性和完整性。在实践中，保护者应当根据具体情况综合考虑这些原则，制定出最合适的保护方案，以确保文物得到有效的保护和传承。

第三节 文物保护的学科建设

一、文物保护学的发展

中国文物保护学是一个涵盖文物保护理论、方法和实践的学科领域。它的形成可以追溯到20世纪初的中国，受到国内外文化遗产保护思想和实践的影响。"文物保护学是利用多学科手段，研究文物的腐蚀降解及保护，使文物得以长久真实保存下去的一门综合学科。"[①] 其主要目的是治理文物已存在的病害或延缓已存在病害的速度，预防文物可能发生的病害，尽量延长文物的"寿命"，使其尽可能长久地发挥作用。

（一）文物保护学的特点

1. 跨学科性与综合性

文物保护学是一门旨在保护、研究和传承人类历史文化遗产的学科，它具有显著的跨学科性与综合性。文物保护学综合了考古学、建筑学、艺术史、材料科学等多个学科的知

---

① 龚德才，乔成全，于晨，等. 文物保护学科建设的思考与建议 [J]. 中国文化遗产，2020，(06)：41.

识与方法，旨在维护文化多样性，保护珍贵的历史遗产。

（1）文物保护学的跨学科性表现在它对多个学科领域的知识需求。考古学提供了关于文物的发现、出土环境和历史背景的重要信息，为文物保护工作提供基础数据。建筑学为文物保护提供了必要的空间和结构保护方案。艺术史的研究则有助于理解文物的创作背景和艺术价值。此外，材料科学的发展使得我们能够更好地了解文物的材料组成和保护方法。

（2）文物保护学综合了各种方法和技术，以保护文物的完整性和可持续性。它涵盖了文物的保护、修复、保管、展览和传播等方面。文物保护学家需要运用科学的方法和技术，如非破坏性测试、光谱分析和图像处理等，来识别文物的材料和状况，并制定适当的保护措施。同时，他们还需要研究文物的环境因素，包括温湿度、光照和空气质量等，以创造最佳的保存条件。

（3）文物保护学的综合性还表现在它与社会、经济和政治因素的紧密联系。文物保护不仅仅是对文化遗产的保护，也涉及社会的参与和认同。文物的保护和传承对于文化自我认同、教育、旅游和经济发展等方面都有重要意义。因此，文物保护学家需要与政府机构、非营利组织、学术界和社区合作，制定合适的政策和计划，促进文物保护与社会发展的协调。

总之，文物保护学作为一门跨学科的学科，综合了多个学科领域的知识和方法，并与社会、经济和政治因素相互交织。通过跨学科的研究和综合性的工作，文物保护学旨在保护和传承人类丰富多样的历史文化遗产，促进文化的传承与发展。

2. 应用性与实践性

文物保护学是一门应用性和实践性非常强的学科。文物保护研究过程，就是对化学、物理学、气候学、生物学、考古学、文物学等一系列自然科学知识和考古学、历史学、文物学人文科学知识的应用过程。换言之，文物保护学研究就是将一些自然科学的研究成果或理论嫁接于蕴含有丰富人文信息的文物这个特殊对象之上。

文物保护又是一门实践性学科，文物保护研究的目的是指导文物保护工作实践。文物保护研究和文物保护实践是相辅相成、互为条件的。保护研究对保护实践具有指导作用，而保护实践又反过来对保护研究具有检验和促进作用。脱离了实践，文物保护学将不可能向前发展。

3. 国际性

文物保护学是一个国际性的领域。各国之间需要加强合作，分享经验和技术，以应对跨国文化遗产保护的挑战。国际组织和协议的存在对于文物保护的全球合作至关重要，促进国际的文化交流和理解。

（1）文物保护学的国际性体现在文化交流与合作方面。不同国家和地区都有自己独特的文化遗产，这些遗产代表了人类多样性和独特性的珍贵财富。国际性的文物保护学使得各国能够分享彼此的经验和技术，共同努力保护全球的文化遗产。国际组织如联合国教科文组织和国际文物保护组织的成立和活动，为各国间的文物保护合作提供了平台。

（2）文物保护学的国际性还体现在共同面临的挑战和问题上。文物面临着多种威胁，如战争、自然灾害、盗窃和非法贩运等。这些问题不受国界的限制，需要国际的合作来应对。通过共同努力，各国可以制定和实施国际标准和法律，加强文物的保护和追索工作。此外，国际性的文物保护学也关注文物的非法流失和走私问题，通过国际合作打击文物走私活动。

（3）文物保护学的国际性还体现在知识共享和技术交流方面。随着科学技术的不断进步，文物保护学采用许多先进的技术和方法，如激光扫描、数字化重建和纳米材料应用等。国际合作促进这些先进技术的共享和交流，使各国文物保护人员能够学习和应用最新的科技手段，提高文物保护的效果和效率。

（4）文物保护学的国际性还体现在文化遗产旅游的推动上。许多国家和地区的文化遗产成为重要的旅游资源，吸引着大量的国际游客。国际合作可以帮助各国共同开发和推广文化遗产旅游，实现经济和文化的双重收益。通过共同推动文化遗产旅游，各国能够更好地保护和展示自己的文化遗产，同时也促进不同文化间的交流和理解。

总之，文物保护学的国际性在多个方面得到体现。国际交流与合作、共同面临的挑战和问题、知识共享和技术交流以及文化遗产旅游的推动，都展示了文物保护学在国际舞台上的重要性和价值。通过国际合作，我们能够共同保护和传承人类的文化遗产，让世界各地的人们共享和受益。

（二）文物保护学的作用

文物保护学是一门研究文化遗产保护与管理的学科，其作用十分重要。文物保护学涉及对历史文化遗产的保护、研究、修复和展示等方面，对于社会发展、文化传承和人类进步具有深远的意义。

第一，文物保护学的作用在于保护人类的历史记忆。文化遗产承载着过去的历史和文化，是人类智慧和创造力的结晶。通过保护文物，我们能够保留和传承先人的智慧和经验，让后代能够了解和学习历史，增强文化认同感，形成共同的价值观和身份认同。

第二，文物保护学有助于促进文化多样性和跨文化交流。每个国家和地区都有独特的文化遗产，这些遗产反映了不同民族和社会的特点和传统。通过保护和展示文化遗产，人们能够更好地了解其他文化，增进相互理解和尊重。文物保护学的研究和实践也有助于国际的文化交流和合作，促进世界各国之间的友谊与合作。

第三，文物保护学对于旅游业的发展和经济增长也具有积极影响。许多历史文化遗产成为重要的旅游景点，吸引着大量游客。保护和恢复这些文物不仅可以提升旅游业的竞争力，还能创造就业机会，推动当地经济发展。通过合理的文物保护规划和管理，旅游资源可以得到可持续利用，实现经济效益与文化保护的双赢。

第四，文物保护学的研究和实践对于科学技术的发展也有积极影响。在文物修复和保护过程中，需要运用各种科学技术手段，如纳米技术、激光技术、数字化技术等，来进行材料分析、修复和保护方案的制订等工作。这些技术的应用不仅可以保护文物本身，还可以推动相关科学领域的发展，促进科技创新和进步。

总之，文物保护学在保护历史记忆、促进文化多样性、推动旅游业发展和促进科学技术进步等方面具有重要作用。它不仅关乎着我们对过去的理解和尊重，也关系着我们对未来的发展和进步。因此，我们应该高度重视文物保护学，加强相关研究和实践，共同致力于保护和传承人类宝贵的历史文化遗产。

(三) 文物保护学的学科定位

文物保护学的学科定位体现了其在学术领域中的重要性和独特性。

第一，文物保护学在学科定位上强调对文化遗产的保护。文化遗产是人类文明发展的见证，具有独特的历史、艺术和社会价值。文物保护学专注于研究和制定保护策略，以确保文化遗产的完整性和持久性。

第二，文物保护学注重文化遗产的管理。这包括了文物的收集、鉴定、分类和存储等方面。通过科学的管理手段，文物保护学可以确保文化遗产得到适当的保存和利用，使其能够为社会所共享和受益。

第三，文物保护学强调文化遗产的传承。文化遗产作为人类文明的瑰宝，承载着历史记忆和文化智慧。文物保护学致力于传承和传播文化遗产的知识和技术，培养专业人才，以保证文化遗产的传承与发展。

第四，文物保护学的学科定位还包括与其他相关学科的交叉研究。文物保护学需要借鉴考古学、艺术史、建筑学、化学等多个学科的理论和方法，以综合性的方式处理文化遗产的保护和研究工作。

总之，文物保护学的学科定位包括文化遗产的保护、管理和传承，以及与其他学科的交叉研究。通过深入研究和实践，文物保护学为我们保护和传承宝贵的文化遗产提供了重要的理论基础和实践指导。

二、文物保护学科建设的必要性

文物保护学科建设的必要性在于推动文物保护事业的发展、培养专业人才、提升研究水平，并为文物保护实践提供理论指导和技术支持。

第一，文物保护的学科建设能够推动文物保护事业的发展。随着社会的进步和发展，人们对文化遗产的认识和重视程度不断提高。文物保护作为一项重要的文化事业，需要有系统的学科体系来支撑和引领。学科建设可以促进研究者的深入探索，推动文物保护理论的创新和发展，为实践提供更加科学的指导。

第二，学科建设有助于培养专业人才。文物保护是一项专业性较强的工作，需要具备扎实的专业知识和技能。通过建设文物保护学学科，可以设置专业课程，提供系统的教育培训，培养出更多高素质的文物保护专业人才。这些人才将成为推动文物保护事业的中坚力量，为文物保护事业的可持续发展提供人才支持。

第三，学科建设有助于提升文物保护的研究水平。文物保护是一个综合性学科，涉及材料科学、化学、物理学、考古学等多个学科领域。通过学科建设，可以促进不同领域的学者和专家之间的交流与合作，推动跨学科研究的开展，提升文物保护的研究水平和科技含量。这将有助于解决文物保护中的难题，推动文物保护技术的创新和进步。

第四，学科建设为文物保护实践提供理论指导和技术支持。学科建设可以促进学术研究与实践经验的结合，形成科学的文物保护理论体系。这些理论指导将为实践工作提供指导和借鉴，提高文物保护工作的效果和质量。同时，学科建设还可以推动文物保护技术的发展，研究新的文物保护方法和手段，提升文物保护的技术水平。

三、文物保护学科建设的构建内容

(一) 明确文物保护学的知识结构

1. 职业教育和学历教育有机结合，分层构建

在文物保护学知识结构构建中应充分考虑到行业特点，将职业教育和学历教育相结合，以适应不同层次人才培养的需求。

(1) 职业教育。职业教育是指学校教育，可分为中等、高等职业学校教育。根据文物

保护行业的特殊性及文物行业对保护修复技术人员综合专业素质的要求，文物保护职业学校教育应定位于高等职业学校教育为宜，培养的人才不仅要注重保护修复技能的培养，更要注重运用理论分析、解决实际问题的能力和素质的培养。

文物保护高等职业教育教学知识结构可分为基础理论和保护修复技术两部分。

第一，基础理论以课堂教学为主，参观实践为辅。基础理论可包括考古学概论、博物馆学概论、修复理论、文物修复技术概论等。

第二，保护修复技术以实践教学为主，辅以专项基础知识教授。由于保护修复技术涉及传统工艺技术，所以保护修复技术可采用现代教学授课模式与传统师徒制相结合的教学模式，其中专项基础知识可采用课堂教学与实践相结合模式，如传统工艺与技术、文物材质分析与鉴定、病害甄别与分析、修复材料与工艺等；修复技能可采用师徒制培养方式，以加强人才培养的针对性。

（2）学历教育。学历教育特指受教育者经过国家教育考试等国家规定入学方式，进入国家有关部门批准的学校等教育机构学习，获得国家承认的学历证书，并获得相应学位的教育模式。该类人才培养模式分本科、硕士和博士三个层次，其知识结构设计也应与人才培养层次相适应，以便支撑相应层次的人才培养要求。

与本科层次相对应的知识结构设计应包括第一学位基础学科历史学、考古学的基础知识，如考古学概论等，和艺术学、民族学、政治学、社会学等辅助性学科基础知识，以及保护修复技术的通用基本知识，毕业生可获得历史学学位，毕业后应具备辅助开展文物保护修复项目和科研的能力。

与硕士层次相对应的知识结构可针对不同专业培养方向，设置不同的工学专业学科课程与设计相应的知识体系。

博士层次的知识结构应紧密围绕培养对象的研究方向来构建，如各主要研究方向的前沿理论动态、科研成果与技术体系及应用知识，毕业后应具备独立开展文物保护修复项目和科研的能力。

（3）在职教育。在职教育是指在职人员通过业余时间到学校或培训机构学习，以提升个人职业素质的教育模式，它是职业教育和学历教育的补充。因此，在职教育是对职业教育、学历教育不足的补充并互为支撑，以形成我国文物保护完整的教育体系。21世纪以来，国家文物局开始在文物保护工程管理中推行责任设计师、责任工程师和责任监理师资格管理制度，根据法国等国家的成功经验，将管理制度与在职人员的培训机制有机地结合，是完善文化遗产管理体系的有效举措。因此，根据目前我国文物保护工程从业资格考试大纲，可以构建出我国文物保护工程专业人员在职教育的知识结构。

2. 突出主干学科并充分体现多学科交叉融合

通过以上学历教育和职业教育知识体系构建，在本科教育和职业教育基础理论部分吸收了主干学科历史学、考古学和博物馆学的已有知识，为受教育者奠定了良好的基础，建立了基本的专业素养，充分体现了文物保护行业人才知识结构的特点。

由以上学历教育知识结构体系培养出的文物保护学专业的研究生毕业时，必须具备两个以上学位，掌握或熟悉多个学科领域的知识，这既充分体现了交叉学科的特点，同时也充分体现了目前国际文化遗产保护领域专业人员知识结构的特点和发展趋势。

3. 充分反映事业发展

文物保护学旨在培养能在文物考古机构、博物馆、文物管理机构从事文物保护与科学研究工作的专门人才，所以在知识体系构建时，既要重视传统的基础知识，如历史学、考古学，又要考虑纳入国内外文化遗产保护领域发展的相关知识，如国际文化遗产保护理念的实践与趋势，我国文化遗产领域的重大政策举措、保护行动及发展方向，使人才在培养中不仅能学到传统的书本知识，还能学到与文化遗产保护事业发展的相关知识，以便未来更好地为文化遗产保护事业发展服务。

4. 加速前沿理论知识孵化

文物保护学是一门新兴的交叉学科，学科理论体系构建初始，相关学科理论、方法的应用，必将加速文物保护学理论体系中新兴理论、知识的更新与孵化，使之成为理论创新的基础，并供各层次受教育者学习，形成理论创新和知识更新的良性循环机制，使学科知识结构和理论体系日臻完善。

5. 及时反映新兴技术的应用

文物保护学是一门实践性和应用性的工程与技术学科，所以，技术的应用是文物保护学的重要研究内容，同时文物保护学又是一门新兴的学科，在知识结构的构建中，既要反映传统技术知识和体系，也要反映新兴技术知识和应用前景。如测量技术，既要包括传统古建筑测量方法、传统工程测量方法，也要包括当代测量技术（如三维激光扫描等）的原理、特点及应用前景，从而促进文物保护学知识结构的不断更新，为受教育者提供最前沿技术的信息，为理论创新和技术创新提供支撑。

（二）构建理论体系

文物保护学学科囊括历史学、考古学、博物馆学、艺术学、物理学、化学等相关领域的理论与方法，涵盖学士、硕士、博士各学位层次，还涉及不同的文物类型及相应的保护需求和技术。这就要求我们在学科理论体系构建时，必须根据文物保护学的特点和文物保护领域人才培养的需求，从整体体系构架入手，同时充分考虑重点分支领域，通过分支领域的理论构建推动理论体系总体构架的优化与完善，使理论体系构建既能充分体现学科理论全貌，又能突出重点研究方向，既能反映学科建设，又能兼顾事业发展，从而构建一个既具有较强系统性和整体性、又体现学科专业性和独特性的理论体系。

学科理论体系建设正是构建我国原创性和本土化理论的良好时机。因此，文物保护学科应在服务国家战略、满足我国文化遗产保护需求中主动作为，推出两者兼顾的理论成果。理论体系应从学科基本理论、学科应用理论、学科特色理论、学科分支理论和学科交叉融合理论五方面进行构建。学科基本理论主要包括中国历史通论、考古学概论、博物馆学概论、文物修复理论、国际文物保护历程与当代理念、中国文物保护史、文物保护修复技术概论等方面的内容；学科应用理论主要包括文物材质分析与鉴定方法、文物结构检测方法、保存环境监测技术等理论；学科特色理论主要包括文物材料劣化分析、文物结构失效分析等理论；学科分支理论包括各文物类型保护理论，如古建筑保护技术、石窟寺及石刻保护技术、近现代建筑保护技术和各类馆藏文物的保护技术等；学科交叉融合理论是指因学科需求与其他学科交叉融合而形成的理论，如文物保护规划学、文物保护工程地质学、工程岩石学、文物保存环境工程、文物测绘技术等相关理论。

第四节　文物信息的系统管理

一、文物信息

文物信息是指与文物相关的各种数据和知识。它包括文物的名称、年代、产地、材质、尺寸、特征、价值等基本信息，以及与文物相关的历史背景、文化意义、制作工艺、保存状态、出土地点等详细信息。文物信息还可以包括与文物相关的图片、文献资料、研究成果、展览记录等多种形式的资料和数据。

从文物信息学的角度看文物保护，从某种意义上讲，文物信息是一种流动的"活信息"，它随着时间的流逝、空间的改变、周围环境的变化而发生着不易察觉的变化，如环境因素的影响造成文物实体降解、老化、腐蚀，从而使文物实体出现变形、残破、外观色彩改变等现象。而文物保护的目的就是让这种信息的变化速度减慢，尽可能地保留文物最原始的信息，从而给研究人员更多的时间和精力来释读文物所包含的信息。对文物信息的保护可以说就是对文物的保护，这种保护不仅注重文物外在的显信息，更重要也最难的是保护文物内在的隐信息。

（一）文物信息的特点

文物信息的特点是指在文物领域中所涉及的各种信息的特殊性和独特性。文物作为人类历史和文化的见证，承载着丰富的历史、艺术和社会意义，其信息具有一系列独特的特点，这些特点不仅体现了文物本身的特性，也反映了文物研究的重要性和复杂性。

第一，文物信息具有历史性。文物是过去时代的产物，承载着特定历史时期的社会、政治、经济和文化信息。通过研究文物信息，可以还原历史场景，了解特定时代的人类生活和思想方式，揭示历史事件的真相和背后的故事。

第二，文物信息具有多样性。文物涵盖了广泛的领域，包括考古遗址、古代建筑、艺术品、手工艺品等。每种文物都有其独有的特征和价值，反映了不同文化和文明的表达方式。文物信息的多样性使得研究人员可以从不同角度和维度去探索和理解人类历史和文化的多样性。

第三，文物信息具有非物质性。除了文物的实体形态，文物还包含了非物质的信息，如文化符号、象征意义、技艺传承等。这些非物质的信息通过文物本身和相关的历史文献、口述传统等方式传递下来，为研究者提供了了解和研究特定文化和文明的重要线索。

第四，文物信息具有破碎性。由于文物的历史性和珍贵性，它们在历史长河中经历了岁月的洗礼和战争的破坏。因此，文物信息往往是不完整的、破碎的，需要通过考古发掘、修复和整理等手段进行重建和还原。这给文物研究带来了一定的挑战，同时也使得文物信息的保护和保存显得尤为重要。

第五，文物信息具有价值性。文物作为历史和文化的重要遗产，具有无可替代的珍贵价值。通过研究文物信息，可以深入了解人类文明的演变和发展，为社会提供历史教育、文化传承和精神满足。文物信息的保护和研究不仅是对过去的回顾，也是对现在和未来的启迪和指导。

总之，文物信息具有历史性、多样性、非物质性、破碎性和价值性等特点。了解和研究文物信息不仅可以丰富人类文化遗产的知识库，也可以帮助我们更好地认识和理解人类的历史、文化和社会发展。因此，加强对文物信息的保护、研究和传承具有重要的学术和社会意义。

(二) 文物信息的属性

1. 文物信息的客观属性

一方面，文物实体质点运动状态是一定时空的产物，是客观存在的，不以人的意志为转移。文物信息的本质是文物实体客观存在的各类现象，现象本身不会表述，人类在研究时对这些现象进行解释，就实现了文物实体存在的现象向文物信息的转变。不论人类对文物实体存在现象的解释准确与否，正确的答案必然存在，只看我们能否追寻到。

另一方面，由于时间和空间不会消失，所以文物实体质点运动状态产生的信息也不会消亡，很多情况下我们得不到文物过去的信息，那是因为我们无法进入文物过去所处的时空。信息不像物质和能量，物质是不灭的，能量也是不灭的，其形式可以转化，如人类可以把电能变成热能，但变成热能后，电能就没有了。而信息的不灭性与物质不灭、能量不灭非同一种含义，文物信息的不灭是基于文物实体质点运动状态不灭基础之上的。

文物实体质点运动状态和文物信息依赖于特定时间和空间而存在，如果能回到文物实体消失之前的时空，则一定能看到原有的文物实体。人类获得的文物信息可以经记忆、记录等多种方式被转录，转录是特定时空中的文物实体质点运动状态和文物信息再现的一种方式。民间典故、历史人物故事、神话传说，都是历史信息的记录方式。

2. 文物信息的主观属性

文物信息是人对文物实体质点运动状态的结果（现象）的解读，是经过人脑加工过的，是人的主观意志的反映。这里有两点需要厘清。由于文物信息具有主观属性，因此文物信息也具有主观局限性。文物信息是主观层面的，是通过人脑加工过的，包含了人类意识的作用。因此，文物信息有可能产生错误，所以在对文物信息进行解读时必须去伪存真。

3. 文物信息的价值属性

文物价值通过文物信息表达，不论是文物的历史价值、科学价值以及艺术价值，都是经由对文物实体材料、制作工艺和造型等方面的信息采集挖掘得到的。一般情况下，文物信息只有被人们利用时才能体现出其价值，而有些文物信息的价值则可能尚未被人们发现。

文物的历史价值、科学价值和艺术价值是文物"与生俱来"所特有的价值属性，尽管时空不断改变，文物的这三大价值也不会消失，但是文物的经济价值则会随着人类社会经济发展程度、人的文化素养水平时刻发生变化。经济价值不是文物"与生俱来"的属性，战争年代珍贵文物被贱卖,甚至无人问津这一事实,就说明文物的经济价值是人赋予文物的,不是文物的自身属性。

(三) 文物信息的类型

1. 根据形态划分

文物信息既可以是感触到的文物实体,也可以是抽象存在的文物属性与文化内涵。因此,根据不同的分类模式,文物信息的类型也可以分成多种。

根据信息的外在形态可将文物信息分为显信息和隐信息。

(1) 显信息。显信息是指可被观察、测量、辨别的考古学实物,显信息可分为文物的本体信息和文物的环境信息两个方面,文物所蕴含的以及肉眼可以直接观察到的显信息包括文物实体的形状、花纹、铭文、结构、组合形式等。

(2) 隐信息。隐信息是肉眼无法识别,需要借助复杂的仪器设备或通过化学、生物学的处理才能得到,与文物实体演变过程和规律有关的信息,它们是文物信息价值研究和寻找的真实对象,如文物实体材料的组成、配比、腐蚀、污染情况等。现代科技手段可以帮助人们透过表面形态观察文物的内部信息,例如,通过科技手段分析陶瓷器、金属器中的常量、微量、痕量成分,可以判定其产地、制作工艺以及古人生活的某些情况。文物的隐信息实质上是文物的衍生信息,即对隐信息多层级的解读。

为了从显信息中揭露出隐信息,往往要对大量显信息进行反复处理。处理文物信息的时候,文物的数量特征和属性特征是最小信息单位。如果把属于某个文物的多个特征集合在一起,就构成了关于该文物的信息记录。由于任何一件文物都是独一无二的,所以,每件文物的属性信息记录中都存在一个以上足以让其与其他文物属性互相区别的"主属性"或称"识别属性"。主属性在文物信息处理中是一个极为重要的概念。

2. 根据来源划分

以文物信息的来源划分,文物信息可分为文物的本体信息、文物的环境信息、文物的衍生信息。

(1) 文物的本体信息。文物的本体信息是采用观察、分析等手段,从文物实体以及文物实体排列组合方式获得的制作材料、工艺、功能、文化、病害、保护、修复等方面的信息。

(2) 文物的环境信息。文物的环境信息是采用观察、分析等手段,从文物实体所处的环境和从文物实体上获得的与文物所处环境有关的信息。

(3) 文物的衍生信息。文物的衍生信息是由文物的实体信息和文物的环境信息经加工所获得的信息。例如，通过对青铜器锈蚀产物的分析，可以得到埋藏环境和古代青铜材料腐蚀机理的信息。

3. 根据属性划分

该分类包括材料信息、产地信息、年代信息、工艺信息、功能信息、环境信息、病害信息等。

(1) 材料信息。材料信息主要是涉及文物实体材料的信息，包括原材料的信息、辅助材料的信息、老化产物的信息、污染材料的信息、保护修复材料的信息等。原材料和辅助材料的相关信息一般在文物实体产生之前就已存在，如铸造青铜器的矿料，青铜器制作完成后，此信息一般不会增加。而老化产物和污染材料信息会随时间推移而增多，在保护修复后此类信息可能会减缓增速。保护材料信息主要是指人为对文物实体施加的清洗、加固、封护等技术措施所留下的与保护修复材料相关的信息。材料信息的获取部分可通过肉眼进行观察，但主要依靠现代仪器分析手段。

(2) 产地信息。产地信息主要是指文物实体材料来源和制造地点的相关信息，包括产地特征物质信息、产地文化特征、产地使用特征等。产地特征物质信息既包括宏观上在该地域文物实体上出现的物质材料信息，又包括微观上各种特征元素及含量等信息。例如，不同时代、不同窑口的瓷器胎釉的特征元素含量是不同的，可以通过统计学的方法利用这些产地特征物质进行产地示踪。产地文化特征是指文物所折射出的区域文化的共性特点，通过对本地域大量文物进行分析，能够塑造出该地域人文和科技的面貌。

(3) 年代信息。年代信息向来是考古学重视的研究领域。文物年代信息包括年代特征、地质年代特征、材料年代特征等方面。一件文物的年代信息不仅涉及它产生的地质年代、所使用材料的年代，还包括其埋藏的地层年代的信息，并且通过考古类型学的方法可以得到其年代特征。现代考古测年方法很多是依据特定物质变化速度来推算年代信息的。

(4) 工艺信息。工艺信息包含的内容众多。加工工艺信息包括原材料的清洗技术（如洗矿技术）、初加工技术等。制作工艺信息包括成型技术、材料配比、部件结合方式、技法和风格、制作时间或季节、制作工具等。文物实体生产流程的任何一环都与工艺信息息息相关。正是这些传统工艺信息的留存，为现代复原古代文物及工艺提供了良好的技术支持。工艺信息的获取，可以借助现代仪器方法对文物样品进行分析检测，对文物实体外观进行美学研究，同时还应参照古文献的记载以及对传统工艺传承地及传承人进行实地调查。

(5) 功能信息。功能信息主要是与文物的使用功能有关的信息。例如，出土的许多青铜器具有酒器实用功能，爵、斝、觚、觯、角等均为酒器的器形。由使用功能在文物实体的痕迹遗留衍生发散，可得到的功能信息还包括残存（留）物的信息、微痕信息、人机关系（机械类文物）的信息以及与其他器物的组合关系信息等。许多文物的功能信息难以从文物实体表观判断，需要通过对相关残存（留）物、微痕进行分析或者进行实验考证而获得。而残存（留）物多以附着的混合物形式或肉眼不可见的显微形态存在，这类信息的获得需要采用较为复杂的理化分析手段。

（6）环境信息。环境信息是指文物实体与环境因素之间相互作用。环境信息主要包括微生物、有害气体、紫外线、土壤等对文物实体材料腐蚀降解的影响，尤其在埋藏环境下，环境对文物实体的保存状态会产生重要作用，环境的影响会在文物实体上留下痕迹，因此在提取文物信息时不可忽视埋藏环境信息。

（7）病害信息。病害信息是文物保护学关注的热点，主要包括病害的类型、病害的程度、病害的内因和外因等，材质不同的文物，其病害的分类也不同。例如，纸张的病害种类有水渍、污渍、褶皱、折痕、变形、残缺、炭化、变色等。病害程度的判断需要对文物病害状况进行科学评估，而分析病害的内外因则需对病害产生和发展进行深层次剖析。病害的程度有时难以被合理量化，而其内外因作用机理的获取也需要大量的基础研究工作作为支撑。

(四) 文物信息的系统构成

1. 文物信息的形成演变

一件文物历经岁月的沧桑遗留到现在，一般经历了加工、制作、使用、埋藏、典藏等过程。不同阶段的文物，信息的特点也是不同的。在加工之前首先要寻找原材料，原材料包括原始的文物主体材料和各种辅助材料，如青铜器的原材料不仅包括主体的矿料，还有范铸法需要的陶范泥料等。原料的采集也蕴含着许多人类的劳动，如青铜器冶炼所需要的铜矿石的开采，就反映了古人的采矿技术水平，这部分信息都属于文物制作原料的信息。

对文物个体的制作既包括使文物成型的过程，又包括其局部的精修与装饰，甚至可能还有二次加工的过程。金银器的成型方法主要为锤揲和浇铸，而其器物表面的工艺处理和装饰技法又包括錾刻、抛光、镂空、焊接、镶嵌等，这些加工工艺和制作工艺共同组成了文物的工艺信息。制作完成后，文物投入使用，长时间的使用磨损会在文物实体上留下痕迹，包括使用的频率和使用人的习惯等信息，以及使用期间的破损修补信息，这部分信息是文物的使用修复信息。

除了传世品，大多数文物实体都会进入埋藏环境。在漫长的埋藏过程中，文物实体与环境互相作用，文物实体材料会发生老化，会发生微生物腐蚀。由于腐蚀降解作用，有时文物实体的整体性都难以保证，这些都是埋藏阶段的文物信息。考古发掘后，埋藏环境被打破，文物重见天日，进入典藏阶段。这期间，由于环境平衡的破坏，可能有新的病害出现或者病害加重的情况产生，也可能增加了对文物实体进行保护与修复产生的修复历史痕迹，还有可能为文物附加了典藏的相关信息（如登录编号、展览等）。经过这几个阶段后，呈现在我们眼前的文物是蕴含着庞大信息的资源库。

2. 文物信息的价值认识

文物的历史、艺术、科学价值均要通过文物信息来体现，如青铜器的历史信息要通过铭文信息来反映。文物是不可再生的，文物信息可在某种程度上还原该文物实体的原貌，文物信息的延续比文物实体的延续容易实现。人们对文物价值的认识是一个与时俱进的过程，而对文物价值认知的提高主要来源于对新的文物信息的获取和认知。

文物的工艺技术和功能信息，是文物科学和艺术价值的主要反映。文物的年代、产地信息是文物历史价值的体现。对于文物信息的价值的理解，应将其纳入整个考古学的领域进行思考。

3. 文物信息的积累与提取

文物信息数量随时间变化而变化，在漫长的岁月中，文物实体可能不断残损，但这不影响信息总量的增加，通过积累文物信息，我们能够更好地理解和研究过去的文化，传承和保护这些宝贵的遗产，使其得以延续。

文物信息的提取不仅要关注文物实体的信息，也要从文物的环境、本体材料老化以及拓展的信息等方面入手进行提取，尽量获取更多的隐信息，做到信息获取最大化。文物信息提取的一个最基本的原则就是最大信息获取原则，即力求获取最全面的文物相关信息，这些信息不仅应包含文物实体信息等显信息，还应包含环境信息、历史信息、社会信息等相关隐信息。文物信息的提取过程，实际上是对文物实体的三维尺寸、本体材质、制作工艺、功能、病害、埋藏环境等信息的提取，所采用的技术一般包括肉眼直接观察、显微镜观察、成像技术、文物实体成分理化性质检测和工艺分析等手段，以及相关历史背景调查等方法。

文物的信息反映的是文物实体的状态、文物实体材料的特性和文物实体所处的环境特征，各种文物信息的提取方法选择应依据文物实体的材料属性、文物实体所处状态，以及文物实体的环境不同而有所区别。

4. 文物的信息链

信息链是以信息为中心环节描述信息运动的一种逻辑构造。文物的信息链是以文物信息为中心环节的，信息链由事实→数据→信息→知识→智能五个链环构成。信息链在单个文物信息系统和多个文物信息系统之间进行信息的有效传递，文物信息蕴含在文物实体运动状态之中，经过文物保护学语言的总结归纳后就成为文物保护的学科知识。这些知识逐步积累、发散，文物信息系统量的积累最终带来质变，通过搜寻不同文物信息之间的联系和差别，使原有的知识得到延伸和运用，形成智能化的文物信息系统，为文物保护实施过程中的文物价值认知、保护技术和保护材料的筛选提供重要依据。

二、文物信息系统

（一）文物信息系统的要素

一般意义上的信息系统包括三个要素：信源、载体、信宿。文物信息系统中的信源是古代社会的人类，载体是文物本身，信宿是现今的人类。文物与人的关系，是客观与主观的关系，文物是客观存在，它需要我们人类去认知、提取它的信息、挖掘它的价值。

每件文物都包含年代、产地、材料、工艺等信息，这些信息组成了文物的"身份证"的全貌，是保护研究的核心内容，也是鉴定文物的重要依据。上述信息并不是孤立的组分，它们之间相互依存、相互作用，如产地和材料信息的相互依存，材料和工艺信息的相互作用等。同时它们共同构成一个统一的整体，形成一个信息系统，将同遗址或同区域的不同种类文物的信息汇集起来，建立更高层次的文物信息系统，并且人们获取、传递、接受、加工、储存、利用信息的过程也是文物信息系统的一部分。通常情况下，信息系统有五种特性，分别是整体性、关联性、动态性、有序性、目的性，这五种特性同样也适用于文物的信息系统。

现代信息学认为信息交流的结构由信息、信源、信道、信宿、噪声五个要素构成，这五要素亦适用于文物信息学。在文物信息系统中，信源是古代社会的人类，传递给我们的信息均由文物实体承载和提供。信源具有众多性和相关性，对一件文物从不同角度、依据不同目的进行观察，可以发现不同的信源，有时获得了一件文物的信息，会对了解另一件文物有所帮助。这需要我们注意信源之间的交叉性，以争取最大限度地获取信息。信道是信息传播的媒介，对于文物信息而言，主要是指各种理化分析手段。每一种分析手段所能获取的信息量往往是有限的，所以一个文物信息系统应当具有多种信道。文物信息的信宿就是我们每一个研究者，不同的研究者对信息所做的解读是有差异的，即对于某些问题的结论可能存在不同意见。噪声在文物信息系统中同样存在，主要包括文物样品的干扰信息，由于文物样品具有复杂性与多样性，受到环境因素的干扰后，常常导致信道中传递的信息减少，复杂程度增大。

文物信息系统的信源、信道、信宿、噪声密切相连，每一项对我们所获取的信息量的大小都会产生影响。这就要求我们从信源角度，在考古发掘现场和实验室及时做好文物的保护工作，最大限度地保存文物持有的信息。从信道角度，应采用多种理化分析手段，相互交叉佐证，传递尽可能多的信息容量。从信宿角度，应注重提高研究者的业务水平和人文素养。从噪声角度，应侧重研究如何合理防止和利用噪声信息，这对于文物信息的准确认知非常重要。

（二）文物信息管理系统的功能环节

文物信息管理系统是应文物交流中心的要求，根据其需要开发的一套文物信息管理系统。该系统不但具备完善的功能、简洁的界面，而且还具备稳定、安全、性能卓越、针对性强等特点，使文物进购、调拨、销售、查询打印等功能得以良好的实现。通过对文物信息管理系统的总体业务分析可知，文物信息管理系统主要组成部分可分为以下五大功能模块：

1. 文物展示功能

文物展示功能主要工作由文物管理员完成，文物展示完成对文物信息的呈现，包括文字信息和图片信息。文物展示功能包括指标过滤查找、文物信息浏览和多个文物对比浏览。文物信息浏览可以对单个文物进行浏览，也可以同时对多个文物信息对比浏览，还可以将文物信息进行打包下载。

指标过滤查找是指按照某一种查询树查询文物并展示的一种方法。指标过滤的查询树一般包括：文物类别、颜色类别、质地类别、藏品级别、文物年代和文物地址等。

2. 馆藏查询功能

馆藏查询是根据一个或者多个查询条件对文物数据库进行查询的功能。馆藏查询中，馆藏历史查询主要可以查询文物详情、保存查询条件和查看馆藏记录功能。馆藏关键字查询是通过文物管理员输入查询的关键字查询符合关键字的文物。馆藏组合查询是用户提供多种查询条件，返回符合多种查询条件的文物结果。

3. 文物变动功能

文物变动功能包括文物变动查询和变更对比分析。变动查询是查询文物变动的单位、文物变动列表和文物变动记录。可以在变动列表里设定要查询时间段和其他的条件，可以在明细表里看到所有的符合条件的纪录。在进行文物变动查询时，文物管理员可以先从地区树中选择地区，然后查询某个地区或者单位的文物变动记录。

在进行变更对比分析的时候，可以选择变更日期范围、变更地区和变更类型。变更日期选择起始日期和结束日期。

4. 统计分析功能

统计分析功能主要包括常用分析、文物单位分析和文物地图等功能。统计分析可以通过柱形图、折线图或者饼图等展示方式直观地了解全国文物类别、文物储藏数量和分布情况。常用分析包括文物结构分析、文物比较分析、文物地区分析等。

单位文物分析包括文物类别分析、文物完损程度分析和藏品基本部类分析等。文物地图是用地图的形式展示某个地区范围内的文物分布情况。

5. 文物管理功能

文物管理功能的主要目的为建立起文物信息数据库。文物数据库目前包括由文物数据中心的馆藏一级文物数据库和各地区文物数据中心的馆藏珍贵文物数据库。文物信息管理系统中的文物管理功能包括数据信息维护和数据回收站，文物数据信息维护管理包括文物信息的新增、修改、查询和删除操作，删除操作产生的删除信息回到数据回收站中，在数据回收站中的数据可以被取回和清空。

文物信息库对了解我国文物数量、文物分类、文物产地等信息都非常重要，庞大的文物数据库还可以用于历史和人文教学、宣传等工作。同时，文物数据库建立可以有助于各博物馆等文物收藏单位规范藏品管理体系。文物行政部门可以通过文物数据库实时了解全国各地的文物资源数量、文物类型、文物地理分布、文物管理和保护现状，动态监管文物资源。同时，可以将文物数据库的部分信息进行公开，民众可以通过平台查询和了解我国的文物资源，提高文物保护意识，参与文化遗产保护工作。

文物管理功能主要包括文物数据维护和数据回收站两个部分，文物管理功能用例图，系统角色分为两个：系统管理员和文物管理员。系统管理员主要负责系统基本数据的配置和数据恢复等工作，文物管理员完成日常文物信息的管理工作。

文物管理功能中的数据维护主要完成字词管理、文物数据管理、基础数据管理、文物数据的上报和文物数据下发工作。其中，系统管理员负责字词管理和系统基础数据管理。文物管理员负责文物数据管理、文物数据下发和文物数据的上报。

(1) 文物管理员文物数据维护。文物信息管理是为了建立和维护一个完整的文物信息数据库。通过不同地区和部门的功能维护，文物信息库将不断扩充和完善，能够实现全国各地区的文物信息共享，有利于更好地做好文物的发现、保护和修复等工作。文物信息的管理主要包括文物信息的查询、增加、删除和修改等功能。文物信息一般包括文物的年份、文物出土时间、文物的质地、文物的等级和文物的类别等信息。

（2）系统管理员文物数据维护。系统管理员拥有管理数据回收站的权力。被删除的文物信息回到数据回收站中，数据回收站中的信息可以被回复和清空，包括全部文物恢复、全部文物清空、个别文物恢复和个别文物清空等功能。文物数据的恢复是在错误删除某项数据时使用。

系统管理员还要负责文物数据维护中的基本信息的管理和配置，具体包括字词管理和基础数据管理。字词管理包括生僻字、特殊字的编辑、新增、删除和查询等操作。

（三）文物信息系统的构建策略

文物信息系统是为了有效管理和保护文物遗产而建立的一种专门的信息管理系统。构建一个高效的文物信息系统需要制定一系列的构建策略，以确保系统的功能完善、性能稳定和数据安全。

第一，确定系统的整体架构。这包括确定系统的模块组成、功能划分和数据流程。通过对文物信息管理的全面分析，可以确定各个模块之间的关系和交互方式，确保信息的流动和处理的顺畅性。

第二，数据的采集与录入策略。文物信息系统需要收集和记录大量的文物信息，包括文物的基本属性、历史背景、保存状态等。为了确保数据的准确性和完整性，可以采用多种方式进行数据采集，如现场调查、文献研究和专家访谈等，并建立标准化的数据录入规范，以便于后续的数据管理和查询。

第三，安全性保障。文物信息系统存储着大量珍贵的文物数据，因此必须采取一系列的安全措施来保护数据的机密性和完整性。这包括建立完善的权限管理机制，限制用户的操作权限，并确保数据的备份和恢复机制的可靠性，以防止数据的丢失和损坏。

第四，可扩展性策略。随着时间的推移和信息的积累，文物信息系统需要具备良好的扩展性，能够适应不断增长的数据量和功能需求。因此，在系统的设计和实施过程中，应该考虑到系统的可扩展性，采用灵活的架构和技术手段，以便于后续的升级和扩展。

第五，培训和支持策略。为了确保系统的正常运行和有效利用，需要对系统的使用人员进行培训，使其熟悉系统的操作和功能。此外，还需要建立健全的技术支持体系，及时解决用户在使用过程中遇到的问题和困难，提供持续的技术支持和维护服务。

第三章 博物馆文物保护管理

第一节 博物馆文物的收集

博物馆文物的收集是指博物馆根据本馆的性质、特点和任务需要，通过各种途径，有计划、有目的地不断积累补充文物、标本和实物资料等物件的一项基本业务工作。"博物馆收集了人类历史进程中重要的物质资源，在科学研究、社会教育等多个方面都能发挥自身价值，是文化传播、学术研究的主体。"[①] 文物收集是一项科学性很强的工作，并且有其自身的工作规律，必须建立在科学研究的基础之上，按照收集工作的规律来办事。这就要求博物馆工作者理解并掌握收集工作的规律和方法，明确收集工作的基本要求，不断提高收集工作的质量，以便取得更好的工作成效。

一、博物馆文物的收集要求与范围

（一）博物馆文物收集的一般要求

1. 成立专门机构

为了有效地开展收集工作，博物馆应该设立必要的收集工作机构，机构内的工作人员需要具备比较全面的专业知识和道德素养，才能出色地完成文物收集的任务，具体要求如下。

（1）负责文物收集的工作人员，不但要有广博的知识和鉴定文物的能力，而且还要懂得相关的政策法规，有良好的交际能力；既要适应博物馆的工作，更要适应奔走在外的艰苦生活。

（2）要密切联系博物馆各部门，掌握馆藏空白及陈列、科研、宣教工作的需求情况，

---

① 马海燕. 互联网时代博物馆文物管理中文物保护的创新性路径 [J]. 文物鉴定与鉴赏，2021，(06)：127.

结合博物馆的发展规划，使用有限的资金收集到本馆急需的有价值的文物。

（3）做好文物保护工作的宣传员。在收集文物的过程中，向社会各界宣传文物政策法规，普及文物知识，说明博物馆文物收集的目的、意义、范围和对象，动员社会各界人士提供线索，协助收集。

（4）文物收集工作人员必须严格地做好科学的原始记录，既包括文字材料，也包括音像和实物资料，并确保记录的真实、准确、详尽、全面，以便为日后建立文物档案、进行陈列和科研提供完整的材料。

（5）要及时做好收集品的整理移交工作。移交是收集工作的结尾，要将所有收集品、有关原始记录及其他各项资料逐一点交博物馆接收部门，办理入馆手续。收集所得均为国家文化财产，收集人员必须全部移交，不能拖延、隐瞒或据为己有，违者依法严惩。凡未办理移交入库的文物、标本等资料，不论有何理由，收集人员都无权将其借给任何单位或个人使用。

2. 制订科学的收集计划

一个科学的收集计划可以帮助博物馆更好地管理和发展其收藏，确保文物的获取和保管符合专业标准，并为公众提供有意义的展览和研究资源。博物馆开展文物收集工作，必须在调查研究的基础上，根据本馆的性质、特点、陈列展览和科学研究的实际需要，根据本馆文物的数量、质量，根据收集线索与本馆的人力、财力情况，制订科学的收集计划，以便有目的、有准备、有步骤地开展收集工作。

以下是一些建议，可以作为制订科学收集计划的指导。

（1）明确收集目标。博物馆应该明确收集的目标和重点领域。这可以基于博物馆的使命、定位和主题来确定。例如，一个以自然历史为主题的博物馆可能会侧重收集动物标本和化石，而一个以艺术为主题的博物馆可能会侧重收集绘画和雕塑作品。

（2）制定收集政策。收集政策是指博物馆在收集文物时所遵循的原则和准则。这些政策应该明确规定收集的范围、条件、程序和伦理准则等。例如，博物馆可以决定只收集与其主题相关的文物，或者遵循国际上接受的道德准则，不收集可能存在非法来源或有争议的文物。再如，要严格做好科学的原始记录，因为科学的原始记录是决定收集品是否具有科学价值的关键，在收集工作中具有头等重要的意义。因此，我们要对收集时所做的原始记录给予充分重视。

（3）进行收藏评估。在制订收集计划之前，博物馆应该对现有收藏进行评估。这包括审查和记录已有文物的状况、价值和重要性。评估结果可以帮助博物馆确定哪些领域需要增加收集，以及如何填补收藏的空白。

（4）建立合作关系。博物馆可以与其他博物馆、文化机构、私人收藏家和社区建立合作关系。这些合作可以扩大博物馆的收集网络，增加获取文物的机会，并促进知识交流和共享资源。

（5）制定收集策略。收集策略包括选择文物的类型、时间范围、地理范围和数量等。博物馆可以根据自身需求和资源情况，制定合理的收集策略。收集策略应该考虑到收藏的多样性和平衡，避免重复或过度集中在某个领域。

（6）建立收集管理系统。博物馆应该建立科学的收集管理系统，用于记录文物的获取、流动、存储和保护情况。这可以包括收集数据库、文物档案和收藏目录等。有效的管理系统可以帮助博物馆跟踪和控制收藏的状态和流程。其中，在收集活动中，必须重视收集工作的科学性和收集对象的完整性，必须把那些有着内在联系的、可以全面系统地说明某一方面问题的成组材料收集回来。

（7）遵循伦理准则。在收集文物时，博物馆应该遵循伦理准则，尊重原始社群和文物来源社群的权益和意愿。这包括遵守法律法规、尊重文化产权、保护文物的身份和尊严，并与相关利益相关者进行有效沟通和合作。

3. 做好抢救性收集

随着社会经济的飞速发展，新旧事物的交替也非常迅速，近现代的文物，都亟须抢救性收集。同样，"非物质文化遗产"也受到越来越大的冲击，非物质文化遗产涉及面相当广泛，与其相关的物件多散存于民间，且长时间没有引起足够的重视。非物质文化遗产相关物件的抢救性收集也成为迫在眉睫亟须做好的重要工作。

以下是博物馆在进行抢救性收集时应该考虑的五个方面。

（1）快速响应。博物馆应该设立专门的抢救小组或紧急应对团队，以确保能够在最短时间内做出反应。这些团队应该具备相关专业知识和技能，并能够迅速组织和实施文物的抢救工作。

（2）紧急保护措施。在抢救过程中，博物馆应该优先考虑文物的保护，采取必要的措施来避免进一步的损坏。这可能包括建立临时的保护结构、使用保护性包装材料或进行文物的临时稳定处理。

（3）文物记录和文献资料。在抢救过程中，博物馆应该尽可能详细地记录文物的现状、位置和其他相关信息。这些记录对于后续的文物保护和研究非常重要。此外，博物馆还应该收集任何与文物相关的文献资料，以便更好地理解其历史和背景。

（4）合作与协调。在抢救性收集中，博物馆可能需要与其他机构、当地社区或专业人士合作与协调。这包括与当地政府部门、救援组织、考古学家等建立联系，共同努力保护文物。

（5）文物修复与保管。一旦文物被成功抢救，博物馆应该考虑对其进行修复和保管。修复应由专业人士进行，并按照国际标准和最佳实践进行操作。修复完成后，文物应妥善保管，以确保其长期保存和展示。

总之，抢救性收集对于博物馆来说是一项重要的任务，旨在保护和保存文化遗产。通过快速响应、紧急保护、文物记录、合作与协调以及修复与保管等措施，博物馆可以最大限度地减少文物的损失，并为后续的研究和教育活动提供有价值的资源。

（二）博物馆文物收集的主要范围

博物馆文物收集的主要范围，主要应根据博物馆的性质、特点来确定。一般而言，历史类博物馆应收集各类文物文献资料；纪念类博物馆应收集反映历史事件或历史人物的各类文物；遗址类博物馆应该收集与遗址相关的各类文物资料；文化、文体艺术类博物馆应收集文化、文体艺术方面的各类文物资料；自然科技类博物馆应收集各类自然标本和科技成果等；地志综合性博物馆收集范围较广，包括地方历史的、自然的和社会主义建设时期的各种有关文物、标本等物件和文献资料；其他专门类博物馆应收集符合本馆性质、特点和任务需要的各种有关的实物和文献资料以及照片、录音、录像等。

二、博物馆文物的收集途径

（一）考古发掘

考古发掘是用科学的方法发掘埋藏在地下或水下的文物，并用科学方法来研究古代人类活动留下的遗存，以揭示古代历史的真实面貌。有目的、有针对性的官方正规组织的考古发掘，不仅是博物馆收集文物的重要途径和博物馆文物的重要来源，还可以为博物馆的陈列、研究和社会利用提供科学依据。我国地下埋藏的文物非常丰富，因而考古发掘成为文物收集的重要渠道。因此，根据考古发掘的不同目的、方法和内容，可以将博物馆考古发掘划分为以下五个类型。

第一，考古遗址发掘。这是最常见的类型，旨在发现和研究潜在的考古遗址。考古学家通过地表勘察、地质分析和探测技术等手段，挖掘和揭示地下文化遗址的结构、建筑物、工具、骨骼、陶器等遗物。

第二，文化遗址保护性发掘。这种类型的考古发掘主要是为了保护文化遗址免受自然或人为破坏。在面临开发、建设或环境破坏的情况下，考古学家会对遗址进行紧急发掘，以尽可能保存和记录遗址的信息。

第三，专题性考古发掘。有时，考古学家会选择特定的主题或问题进行发掘研究，例如探索某一历史时期、特定文化群体或重要事件。这种类型的发掘通常需要更加专门化的技术和方法。

第四，海底考古发掘。海底考古学是研究海洋和湖泊底部的文化遗址的学科。通过潜水员、遥感技术、声呐等手段，考古学家可以发掘和研究沉船、古港口、水下遗址等。

第五，社区参与考古。这是一种与当地社区合作的考古发掘方式，旨在提高公众对考古学的认识和参与度。通过社区的参与，可以增加发掘工作的有效性和保护遗址的意识。

（二）社会收集

社会收集是指博物馆对流散在社会上的各种物件的收集。主要有以下七种方式方法。

第一，专题收集。专题收集是指根据某一专题，有目的、有计划地进行的收集工作。这是博物馆收集工作中经常性的、行之有效的工作方法。这种专题收集，具有目标明确具体、工作主动深入、力量集中等特点，因而常常能够较快地取得需要的材料，收到明显的效果。这也是博物馆积累文物的主要手段之一。

第二，收购。这是博物馆利用经济手段积累文物的工作，即由博物馆付给那些传世文物或标本等物件的拥有者以一定的经济代价，从而将其收藏的文物标本等物件购归博物馆所有。这是国家保护文物标本、积累博物馆文物必不可少的一种手段。

第三，接受捐赠。接受捐赠即博物馆接受机关团体或个人捐赠文物标本等物件。这是博物馆文物收集的又一重要方法。

第四，调拨。调拨是指由上级主管部门按各博物馆的性质与需要，有计划地拨给有关文物和标本等物件；或是博物馆之间，一方无条件地支援另一方，拨给对方有关文物。调拨是无代价的单方面的拨出或收进。

第五，馆际交换。馆际交换是指博物馆与博物馆之间的文物相互交换。是以本馆重复品较多，或与本馆性质、任务不相适应，而又为对方博物馆所需的那些文物，换取适合本馆需要的文物。这种馆际交换，体现了博物馆之间互通有无、以余补缺、相互支援的协作精神，有利于充分发挥馆藏文物标本的作用，有利于博物馆事业的发展。

第六，接收移交。接收移交是指博物馆接收科学考察队、考古工作队、文物商店、海关、银行、废品公司、冶炼厂、造纸厂等有关单位拨交的文物、标本等，也称拨交。其目的是使这些珍贵的文物标本受到妥善的保护、保存和利用，以满足博物馆各项业务活动的需要，丰富博物馆各项业务活动的内容。这种拨交一般都是单方面的拨出或收进，没有互惠性。

第七，借用。借用是指博物馆为了举办陈列展览等业务工作的需要，采取向其他有关文博单位借用文物在本馆中加以使用的方式。借用，不改变文物的所有权，只改变文物的使用地点，它可以提升借入馆文物的品质。

（三）自然标本采集

自然标本是各专门性自然博物馆和综合性博物馆开展各项业务活动的物质基础。采集岩石、土壤、矿物、动物、植物等自然标本是这些博物馆经常性的主要工作之一。各种自然标本的取得，除了向有关研究单位、标本培植场、地质勘探队等单位收集外，主要是依靠本馆和配合各种有关的科学考察队去野外采集。

采集自然标本是一项细致的工作，而且不同性质的标本有不同的采集方法；即使是同一性质的标本，采集的方法也不尽相同。因此，采集人员必须学习并掌握有关采集的知识和技能，只有这样才能做好采集标本的工作。

三、博物馆文物征集应对策略

（一）提高思想认识，重视文物征集工作

近年来，博物馆已经成为人们获取文化养分、提升文化素养的重要场所。在时代的变迁中，博物馆的文物征集工作也需要做出调整。基于此，博物馆及其主管部门应当提高思想认识，转变观念，科学定义文物，明确文物征集工作的原则，从而促进相关工作的有效开展。具体来讲，应从以下三个方面转变思想，提高认识。

第一，坚持系统性、完整性的基本原则，打破对文物的片面认识，保持开放工作态度。博物馆应重视历史发展的延续性和文化的传承，对文物形成明确的概念，针对文物文物的征集形成系统、完整的规划。例如，在征集某一家族文物系列的过程中，应该从纵向上征集其祖上的文物，还应对其父辈、后裔的文物，以及相关文物资料进行征集；从横向上，对其祖辈、父辈交往的历史名人进行征集，对文物研究形成佐证，完善馆藏体系，构建馆藏系列，保证文物征集的系统性、完整性。

第二，把握重点文物征集，做好一般文物征集。由于博物馆自身性质定位的不同，在文物征集上必然会有所侧重。例如，博物馆根据当地文化发展历史，确定了文物征集范围，将更多资源集中于青铜器、石刻造像、金玉饰品、馆藏瓷器，并在丰富的馆藏文物支持下形成了特色化展区，体现了博物馆的历史文化底蕴。此外，博物馆在民间民俗文物、

革命文物和老旧物品等方面也给予一定的支持，扩大了文物征集范围，丰富了馆藏资源。

第三，兼顾文物的质量与数量，促进博物馆工作的有效开展。文物的质量与数量是衡量博物馆水平的一个重要标准。博物馆应牢牢树立质量与数量并行的观念，既要重视文物的质量，也要重视文物的数量。在文物征集工作中，应重视文物的历史价值、科学价值和艺术价值，保证文物的质量，同时注意文物数量的增长。

（二）广泛收集信息，拓宽文物征集渠道

博物馆在文物征集工作中，应广泛收集线索，调动社会热心人士的积极性，拓宽征集渠道，丰富征集方式，以最大限度获得所需文物。在文物征集工作中，博物馆应做好以下四项工作。

第一，广泛获取文物线索。博物馆应发动全体工作人员，群策群力，多渠道获取文物资料。

第二，加强与社会热心人士的联系，争取获得更多文物线索及文物捐赠。文物征集工作需要面向全社会，而热心人士的帮助能够为博物馆提供更多的可靠信息和珍贵文物。例如，博物馆积极与民间文物收藏家协会、民间文史研究会等社会团体开展文化交流活动，获取他们关于文物的信息；组织社会人士创建文物征集工作线上平台，鼓励他们对博物馆发展、文物征集工作提供建议；组织文化讲座，邀请文物丰富、文化底蕴深厚的研究者进行演讲，为更多的人提供鉴赏、学习机会。这样可以拉近博物馆与社会热心人士的距离，并打通文物征集工作的渠道。

第三，采取多种征集方式获取文物。例如，博物馆坚持自愿捐赠的原则，把自愿捐赠和有偿征集相结合，根据文物的属性和价值，依据文物所有者和保管者的意愿，采取无偿捐赠、借展、征集等形式，充分调动广大群众的积极性，使流散在民间的文物得到充分利用。博物馆为无偿捐赠者颁发"捐赠证书"，表扬其无私行为；博物馆通过与文物拥有者签订保管协议或借展协议，代管代展，以支持文化展览；博物馆按照文物的价值，经专家鉴定后按照自愿原则有偿征集，开具相关证明，保证文物获取合法合规。

第四，组织社会调查活动，多渠道获取文物资料。社会调查是博物馆获取文物资料的重要渠道。民间有许多文物，这些文物的价值需要经过专业的评估和鉴定，才能进入博物馆。因此，博物馆应组织专业人员展开社会调查，获得第一手的资料信息，并根据调查资料深入科研工作，提高文物征集工作的科学性。

（三）深入文物研究，拓宽文物征集范围

博物馆应立足本馆性质，明确文物征集范围，逐步建立完整的文物体系。博物馆应加

强文物研究，从历史的维度出发确定文物征集范围。明确文物征集范围之后，对照当地实际，从而更好地发挥博物馆的文化职能。

总之，博物馆是文物主要收藏机构，做好文物征集工作，有助于奠定博物馆工作的基础，利于开展做好宣传教育、科学研究以及文化展览等工作。基于此，博物馆应提高思想认识，重视文物征集工作；广泛征集信息，拓宽文物征集渠道；加强人员培养，提高文物征集效果；深入文物研究，提高文物征集质量。这样可以促使博物馆做好文物征集工作，促进博物馆各项工作的有效开展。

（四）加强人才队伍建设，提高文物征集效果

博物馆文物征集工作的专业性很强，在文物的收集、鉴定、保管、研究、展示、宣传等各环节都需要专业人员的支持和参与。但是，博物馆人才队伍培养和建设相对滞后的现状在一定程度上影响了文物征集工作的有序开展。针对此，博物馆围绕文物征集工作的有效开展，应从以下四方面加强人才培养和队伍建设。

第一，增加工作人员数量，提高专业技术人才总量。博物馆是专业文化机构，主要负责文物的收集、鉴定、保管、研究、展示、宣传等工作，这对具备特殊专长的技术型人员产生了大量需求。基于此，博物馆应加强岗位编制分配结构的优化调整，积极吸引专业技术人员，为文物征集工作培养人才队伍；调整管理人员、工勤运维保障人员的比重，在维持博物馆正常运转的基础上，形成专业性强、结构优化的人才队伍，保证文物征集工作的有序开展。

第二，重视工作人员综合素质的提升，促使其适应当前社会文化发展的需要。博物馆应积极调整专业人才队伍的结构，提升人才队伍的整体文化素质，积极吸收大学本科以上学历的专业人才；优化人才队伍的年龄结构，注重培养中青年业务骨干，提升高层次人才的数量和质量；加强人才培养，重视专业人员的跨学科领域知识储备和研究能力的培养，确保其适应文物征集工作要求；注重培养复合型人才，确保人才结构满足博物馆的文物征集以及持续发展的需求。

第三，吸引"专精"人才，提升人才队伍的专业素养。博物馆应加强与高校等科研机构的合作交流以及对接，积极完善馆校联合培养机制，打破博物馆在专业人才培养过程中的封闭局面，充分利用高等教育资源，吸引专业的文博人才；结合文物征集工作项目，加强对人才的培养，组织其在科研和社会实践中提升专业素养，为文物征集工作提供人才支持。

第四，注重新型人才培养，优化人才队伍结构。博物馆的文物征集工作不是孤立存在

的，与博物馆的文化宣传、教育科研、文化展览等工作密切相关。基于此，博物馆不仅要加强对文物鉴定、收藏、研究、保护等专业人才的培养，还应加强对宣传策划、展览设计、文化交流、文创发展、数据信息管理各方面人才的培养，以丰富人才类型，提高人才队伍的专业水平。

第二节 博物馆文物的鉴定

在我国，文物作伪由来已久，早在春秋时就已出现了文物作伪。直到今天，除种种原因，文物作伪现象依然十分普遍。我们把作伪的文物称为"赝品"。有伪就须辨伪，所以，文物的鉴定历史悠久。

鉴定就是用科学的方法，对文物、标本的真实性和科学性做出正确的鉴别，确定其真伪、年代、地区、作者、来源、用途等，定出科学的名称，评定它在历史、科学和艺术方面的意义和价值。鉴定工作是一项专业性极强的、细致的科学研究工作，也是博物馆文物入藏及管理工作的重要环节，其主要任务就是辨明真伪，揭示内涵，评定价值。只有对文物、标本做出正确的鉴定，才能对其是否入藏做出选择，从而确保文物的质量。所以，鉴定是鉴选工作的基础，也是做出选藏决定的重要依据。

当今社会，随着史学研究的深入和文物事业的快速发展，人们对文物价值的认识越来越高，文物鉴定的内容也越来越广泛，鉴定技术也更科学。现代科学技术高速发展，文物鉴定不仅限于宏观考察，通过人体的感官辨伪、断代及考证，而且采用高科技。

一、博物馆文物鉴定的意义

文物鉴定是运用传统或现代科学技术手段，识别文物年份、材质、工艺、作用、价值等。通常情况下不会单独对出土文物的真实性进行鉴定，只对文物的材质和作用进行必要的鉴别。一般不对个人文物的真伪进行鉴定，只对其年份、材质进行测验，以确定出土年份和文物的价值。

面向博物馆、相关研究机构及具备文物保护展示和收藏业务的社会事业单位，文物保护鉴定人员不仅要确认出土文物本身的真实性，还必须对其进行全面的评价和分级，以便于对其进行科学、彻底的处理和分类保护工作。将文物保护评估项目分成可转移器物评估和不可转移器物评估。可转移器物主要包括青铜器皿、陶瓷器、珐琅彩等单个器物，规模通常不大；而不可转移器物则主要包括古墓葬等占地面积过大、不可移动的器物。文物鉴定工作过程中所涉及的人文研究、年鉴分析、史料知识、工艺锻造、伪造鉴定和化学知识等也应是文物鉴定工作所要掌握的专业技能,例如采集表面水彩、研究陶瓷残片等,只有这样才能对器物做出完整、详细的研究鉴定。文物鉴定最重要的部分是真伪鉴定和年代鉴定。如今,日益增长的文物鉴定需求也对文物鉴定工作提出了考验。

二、博物馆文物鉴定的规律

今天,科技水平的提高使我们有可能通过先进科学仪器的测试文物来判断其真伪。采用现代科学仪器测试与传统经验判断相结合的方法,是文物鉴定学的发展方向。鉴定一件文物的真伪,主要掌握文物的时代风格和特点。每一个历史时代都有它特定的环境,不同的历史环境规定了那一时代的风俗习惯、礼仪规范、人们特有的心理素质,加上那一时代生产力的发展水平、制作技术水平,这就使我们在判断时有了重要的参考依据。凡符合这些时代特征的文物,一般就可以断定它的真实可靠性。同样,不符合时代特征的文物则是赝品。即使有些伪作是参照了那一时代的真品仿制的,也因品味不到那件文物的内涵和底蕴,从风格到形制上显得笨拙、生涩。

辨别文物真伪,可以从文物的制作水平、质地、铭文、器形、纹饰等体察出历史的风貌,这也是鉴定的主要依据。制作水平的高低是由历史上生产力发展水平所决定的,人们不可能在生产力水平达不到的情况下去制作超出历史限定的作品。当然也不排除目前考古发现及文献记载中尚为不知的情况。考察文物的质地是人们研究文物真伪及断定年代的重要方法。

文物造型千姿百态,不同时代应有其特定的要求。器形的变化为我们提供了鉴定文物的依据。同一种器物,不同时期有不同的局部变化,而这些变化就能体现出时间的早晚,这在我们鉴定工作中是常常用到的。当然,文物的辨伪和鉴定是一件十分复杂的工作,需要我们掌握多方面的知识和技能。这项工作并非玄而又玄、无法学通,只要我们不断实践,勤于学习,还是能够较好地掌握要领,完成这项工作。

三、博物馆文物的鉴定类型

文物鉴定方法可分为传统鉴定、科技鉴定以及二者相结合的方法。

(一)传统鉴定

传统鉴定,又称人文鉴定,以"目鉴"为主,大多是依靠感性经验,用的是比较、对照的方法,即把心目中相关的视觉印象与所要鉴定的作品进行比对印证。如果相符,就断定为真迹；如果不符，就判断为伪作；若似非而是，或似是而非，则进一步斟酌。同时，还要揭示其历史、艺术或科学价值。

传统的文物鉴别方式大致包括三类，即分类法、比较鉴别法和综合考察法，这三者是文物鉴别中常见和传统的鉴别方式。

第一，分类法。分类法可以将文物按照类别进行划分，在每一类别中观察文物的异同，在实际鉴定时需要了解文物的特点，对文物的特点进行分析的同时实现文物的鉴定。

第二，比较鉴别法。比较鉴别法是一个相当传统的文物鉴别方式，在现代的文物鉴定中也经常被使用，该方法也叫作类比法，需要对不同文物进行观察，发现其中的相同点，分析鉴定文物之间的不同和联系，以此进行判断。

第三，综合考察法。综合考察法通常应用于不能移动的文物鉴定，对文物的鉴定要将其按照分组和影响因素进行分析。综合考察法需要进一步对文物进行综合的考察，利用文献进行考证，根据同类文物的特点进行判别，最后获得科学的鉴定结果。

（二）科技鉴定

文物科技鉴定是指运用自然科学的理论、技术和方法来鉴别文物的年代、真伪及产地等，主要方法包括测定年代、分析成分、分析同位素和微量元素、分析物相、观察微结构和器表加工痕迹、揭示内部结构以及分析文物图像等技术手段。现已运用于陶瓷、青铜器、玉器等金石类文物鉴定工作，基本实现了无损或微损鉴定，不仅积累了经验，而且取得了一定的成果。书画类文物科技鉴定相对滞后，但有研究人员引入笔痕鉴定技术，对作者书写的笔性，包括用笔的线距长短、用笔的节奏、力度做出排比分析，找出彼此间的差异，以实现鉴真识伪的目标。此外，还在书画鉴定中运用紫外、荧光激发检测以及近红外拍摄技术将作伪者添加的款识或挖补部位显现出来，并获取作品的隐藏信息。

1. 科技鉴定的特点

在新的时代环境下，依靠个人经验和知识积累进行主观判定的传统鉴定方法已经不能满足文物博物馆事业发展的需要，文物鉴定会更加广泛地应用到先进技术，未来的文物科技鉴定将朝着无损化、便捷化和综合化的方向迈进，进一步提高文物鉴定的科学性。

第一，无损化。文物科技鉴定的最大障碍就是破坏性，为了保障文物的完整性，利用光电透视、荧光X射线等无损鉴定设备检测文物，势必得到广泛应用，同时，诸如激光剥蚀 ICP-MS[①] 多元素定量分析等微损检测方法也将受到重视。在未来发展中，实现文物科技鉴定的无损化是必然趋势。

第二，便捷化。提高文物鉴定效率就会淘汰或改进费时费力的检测方法，那些既符合现场鉴定便利需求，又满足快速鉴定直接需求的科技工具，例如，红外光谱、激光拉曼光谱仪等便携式设备必将得到推广，方便、迅速、费用低已成为文物科技鉴定的重要指标。

第三，综合化。在科技鉴定的进程中，由于单一手段的局限性，往往需要综合利用现代科技手段，采用多学科交叉、多方法分析、多仪器联用的方式，把科技鉴定与传统鉴定相结合，互相补充、互为验证，这种综合化的新常态，成为文物科学鉴定的发展前景。

2. 科学技术在文物鉴定中的重要性

（1）降低鉴定人的主观意识影响作用。在过往实行传统文物鉴定时，考古学家会预先通过出土文物的材料和土壤成分评估文物的年代。因为考古学家对不同时代历史年鉴等研究存在认知差异，受认知和学术水平限制，很容易在文物鉴定过程中掺杂个人的主观臆断。如研究隋唐史的专家就很难对明清墓葬出土的文物进行有效鉴定，这样很容易导致鉴定结果不准确。因此，在应用传统评价方法时，如果发现评价结果不一致，如文字年份、文物价值、制造年份等存在分歧时，鉴定部门会组织相关的专家或学者举行座谈会，听取意见并最终表决确认。但不管有多少人投票，都存在人为主观意念有失准确性的弊端。为降低鉴定人的主观意识对鉴定的影响，通过嵌入高、精、尖科学技术的仪器能准确计算和分析出文物年份，为考古学家结合史实和相应朝代的特点综合评价文物鉴定结果提供科学合理的依据。

（2）弥补传统鉴定方法的不足。传统技术无法解决的问题随着现代科学技术的推进已得到极大的改进。譬如，地理测年技术、放射性测年法、热光测定技术、微谱技术等不影响主观判断对文物鉴定评价的一致性。利用现代科学技术，即使不直接接触文物，也可以借助相关仪器完成鉴定工作，这样能有效防止人为介入后文物受损，有利于保持文物的完整性，为后续的文物保护创造更好的条件。直接触碰文物会对部分文物表面的自然包浆带来一定的损害。利用现代科学技术，在不直接接触文物的情况下进行文物鉴定，可以保持文物的原貌，为后续的文物保护提供可信的依据。

（3）提高公信力。不少器物在发现多年后仍会引起群众的争议。引进现代技术后，将鉴定结论与客观存在的事实相关联做进一步分析，可以有效防止主观臆断对鉴定结论造成

---

① 激光剥蚀 ICP-MS（LAM-ICP-MS）是一种多元素定量分析方法，结合了激光剥蚀（LAM）和电感耦合等离子体质谱（ICP-MS）技术。

的影响，从而使鉴定结论具备较强的科学技术支持，形成更科学合理的文物鉴定结论和更客观的评估结果，具体包括发现时代、组成材料、实际使用情况等，而不因为时代的推移而对出土文物做出二、三级评估。现代信息技术在出土文物评估中的广泛运用，也能够极大地提高出土文物评估结论的准确性。

3. 文物科技鉴定技术

（1）热释光断代技术。热释光法是通过测量保存在这些古代陶器中的辐射能来测定烧制的时间，从而确定其年代，该测年法是常见的古物鉴定方法之一，通常用来确定陶器等烧结类型的文物所产生的年代，以此判定文物的真伪，热释光断代技术的优点是检测范围宽、误差小、精度高。热释光测年技术下能够将文物的实际年限误差降低到50年以内，在实际应用中，通常将热释光断代技术作为文物鉴定的最后一项技术。对比修正法，不需要采用已知年龄标准样品，检测范围广，假如样品符合定义要求，该方法能够测定50万年之间的文物年限。热释光断代技术对样品的要求很高，不能够反复测试，样品不得被污染、暴露在放射性或X射线下，不得进行高温测试，否则会影响鉴定结果的准确性。

（2）激光和光电透视技术。激光、光电等先进技术可以观察到文物内部结构，为文物鉴定开辟一个新的方向，由于其内部结构是文物仿造的"盲点"，利用激光、光电等先进技术，可以有效地分析文物内部结构。透视技术的优点是检测文物内部结构、无须对文物进行破坏性处理、检测精度高、鉴定结果可重复参考。

采用激光和光电透视技术对文物内部结构进行检测，可以准确判断文物的年代是否久远。由于不能检验其内部结构，很容易影响鉴定结果，特别是青铜器和瓷器。激光、光电等先进技术能够有效地保存和概括文物内部结构，便于对各种文物进行比较分析，整合模拟数据，能够为其他鉴定者提供相关的影像资料，以提高文物鉴定的准确性。举例来说，青铜器可以使用光电和先进技术来修补容器内部的裂缝和锈斑，这类影像资料在未来的鉴定工作中将起到重要作用。

（3）碳十四测定技术。碳十四测定技术是一种用于测定有机物质中放射性碳-14同位素含量的方法。碳-14是一种放射性同位素，存在于自然界中的大气二氧化碳中。当生物体通过呼吸、食物链等方式摄取了二氧化碳，其中的碳-14也会进入生物体内。由于碳-14的放射性衰变特性，它的含量可以用于确定生物体或有机物质的年龄。

测定碳-14含量的技术称为碳十四测定技术，通常使用放射性计数的方法。这种技术基于碳-14的放射性衰变速率，并通过测量样本中放射性碳-14同位素的衰变来确定其含量。测定结果可以用来确定有机物质的年龄，例如古代遗物、化石、古生物等。碳十四测定技术在考古学、地质学、生物学和环境科学等领域有广泛的应用。通过测定样本中碳-

14 的含量，可以了解生物体或有机物质的年龄、生命周期以及地球历史的演化过程。

（4）X射线衍射锈蚀层检测技术。X射线衍射锈蚀层检测技术是一种非破坏性检测方法，用于评估金属表面上的锈蚀层的性质和厚度。它利用X射线的特性和衍射原理来确定锈蚀层的存在、结构和厚度。该技术的工作原理是通过将X射线束照射到待检测的金属表面上，然后测量衍射图样的特征。衍射图样是由入射X射线与金属晶体结构相互作用形成的，其中锈蚀层会对X射线的衍射图样产生影响。

X射线衍射锈蚀层检测技术具有以下优点。

第一，非破坏性。该技术不需要对金属进行取样或破坏性测试，因此不会对被检测物体造成损伤。

第二，高精度。通过分析衍射图样的特征，可以准确确定锈蚀层的存在、结构和厚度，提供详细的信息。

第三，快速性。相比其他传统的锈蚀层检测方法，X射线衍射技术可以在较短的时间内完成检测过程。

第四，应用广泛。该技术可用于各种金属材料的锈蚀层检测，包括钢铁、铝、铜等。

X射线衍射仪不仅可分析腐蚀产物的金属成分，还可以分析和检测壁画、陶瓷等无机文物及变质产物。X射线结构分析方法能准确、全面地获得文物的成分和结构信息，并进行科学分析。比较现有的X射线分光光谱仪，可为鉴别结果提供更可靠的科学依据。

总之，只有正确地认识科学鉴定并合理地加以运用，正确处理文物鉴定复杂性与科技检测局限性之间的关系，才能使现代科技在传统鉴定中发挥重要作用，提高文物鉴定工作的水平和效率。

4. 现代技术的应用

（1）微观精细鉴定。在现代技术条件下，电子显微和超景深的显示技术不仅可以实现数百倍以上的图像放大，还能根据镜头扫视的过程形成探测视频，供观看、回播，这对考古人员的文物鉴定工作起到了极大的推动作用。在对文物微观特性进行鉴定时，现代技术应用可以有效提高文物鉴定结果的准确性。现代技术在识别文物微观特征的过程中，主要包括超景深视频显微技术和电子显微技术，这两种技术手段都能对文物局部微小之处进行放大处理，在放大以后就可以很明显地观测文物局部的微观结构，在对文物进行微观特性的鉴定时，应用现代技术可以有效提高文物鉴定结果的准确性。其克服了肉眼识别和通过传统显微镜识别文物特征存在的局限性，极大地提高了文物识别性。

不同材质的历史文物在识别鉴定的过程中，其鉴定要点也有一定的差异，特别是在对一些书画、织品等的识别过程中，需要极其细致的观察，纸张和纤维的鉴别可以判断文物的真伪和年代,运用这一现代技术的识别方式可以更好地保留相关文物资料,为后续的研究提供更多信息。

(2)文物无损鉴定。在现代,已经能通过光谱分析、X射线、红外线和电磁波探测等不同的方式对文物进行无损检验,更有利于对珍贵文物的保护。在光谱分析和X射线鉴别中,仅需微克级别的原材料就能进行识别分析,有效判断出原材料的材质特点、出产年代等,在精度和信度上有了明显的提升。红外和电磁波的探测是完全无损的文物鉴定方法,特别是对玉石、金属器皿等有很好的效果,在鉴定过程中利用传导率等信息对材质进行精确判断,使文物鉴定手段更加多样化。

(3)多元信息鉴定。通过现代科学技术手段,文物鉴定过程中获取的参数信息更加丰富,这也是实现多元化鉴定的重要技术基础之一。在判断文物的真伪和年代时,不能仅依靠一种测定手段获取的相关信息得出结论,而是要通过多种探测技术对不同的鉴定对象进行详细分析后,才能得出最客观的结论。如一些金属、陶瓷器皿可能会有后人修复的痕迹,通过X射线鉴定和局部放大,能更好地确定文物不同位置的材质组成和具体年代,对于有效梳理文物的流传过程也有重要意义,便于研究人员更好地确认其历史价值。对不同材质的文物进行信息鉴别时,鉴定技术存在一定的差异,而针对相同类型的文物,在识别过程中也要更加细致。如在一些陶制品中,陶泥中微量元素的差异、归属地、制作工艺之间有紧密的联系,精细的光谱分析能更好地帮助技术人员做判断。

(4)文物年代判断。文物鉴定过程中的年代判断对于还原文物用途、加强历史研究等都具有重要的意义,也是判断文物真伪的重要方法,在现代科学技术的辅助之下,能实现更精确的探测分析。常规的文物年代信息主要是通过碳的同位素进行半衰期计算后得到,而进行单一的元素测定在信息获取上会有一定的局限,可以通过综合测定加以规避。多种元素测定文物的实际年代是一种更科学的分析方式,也促进考古与文物研究工作的发展。

第三节 博物馆文物的维护

一、博物馆纸质类文物的维护

纸质类文物的种类十分丰富,包括书画、古籍善本、文字契约、文书档案等。这类文物的特点是主要由植物纤维制成,如藤草、麻、棉、各种树皮等,可以被木霉、青霉、曲霉、根霉等微生物分解利用。因此,博物馆纸质类文物的维护需要防虫、防霉、杀菌。

(一) 防虫、防霉、杀菌

1. 微波辐射杀虫法

微波辐射法是将纸质类文物置于超高频电磁场下,使害虫体内的水分、脂肪等在微波的作用下发生振动,分子间产生剧烈摩擦,生成大量热能,害虫体温迅速上升,从而杀死害虫。该方法也能消毒灭菌。它具有效果好、速度快的特点,该方法仅适用于对小批量、略微潮湿的纸质类文物进行去湿、杀虫和消毒。

2. 冷冻杀虫法

利用降低温度对害虫的新陈代谢进行控制,也可使害虫的新陈代谢完全停止。对采用冷冻杀虫的纸质类文物,将其从冷冻箱中取出时,不要立即打开,而需要继续保持密封状态,当恢复到室温时再打开,从而避免潮湿现象的产生。除部分特殊纸质类文物外,以下几类文物也不适合进行冷冻杀虫,包括干燥或者是严重腐烂的文物、含有多种材质的文物、含有大量水分的文物(如家具、部分彩绘纺织品),以及用胶黏剂处理过的文物。一些非吸附性材料如金属、陶瓷和玻璃等,在冷冻过程中,边沿处可能会发生变形,故也不适用于冷冻杀虫。

纸质类文物冷冻处理的操作步骤包括:①尽量使纸张的相对湿度保持在50%~60%;②将纸张迅速冷冻到-30℃,并在冷冻器里放置至少72小时,以确保纸张至少有60小时是暴露在-30℃环境之中;③取出纸张之后,需要进行为期两天的解冻和稳定处理。对于混合材料,须进行单独处理,才能达到良好的杀虫效果。

3. 二氧化碳杀虫法

二氧化碳杀虫法原理是在密闭容器内,当二氧化碳增加到一定浓度时,害虫会因呼吸加速而脱水死亡。具体方法是:将纸质类文物放入高强度复合薄膜袋,向袋内充入二氧化碳,浓度为70%~80%,密闭10~15天。

4. 硫酰氟杀虫法

硫酰氟为无色、无味、不燃、不爆的气体,沸点为-55.4℃,气体密度为3.52 g/cm^3,在水中微溶,溶解度为0.075%(25℃),在碱性溶液中水解较快。

硫酰氟在熏蒸杀虫中使用较多,无条件限制,一般熏蒸浓度为30 g/m^3。其毒理性可以破坏害虫的糖酵解,阻止体内脂肪的代谢作用,减少维持生命生存所需的能量,但对人体不具致敏性、致突变形性、致畸形性以及致癌性。其操作方法如下。

(1) 将硫酰氟气罐与减压阀、橡胶管、玻璃导管依次连接,从气罐中释放出来的压缩气体经减压阀减压后可直接导入文物袋中。由于硫酰氟有毒，操作前应严格检查各连接处是否漏气。

（2）按照要熏蒸文物的大小和体积，将塑料膜裁成相应的尺寸，同时为了操作简便，通常制作成标准的或容积统一的塑料袋，如 0.5 m^3 或 1 m^3，这样易于控制熏蒸剂的用量。然后用多功能塑料薄膜连续封口机先将三边封好，待装入文物后，再封好袋口，并在每个袋子上留出刚好能插入导气管的充气口。

（3）操作尽量选在实验通风橱中或通风条件较好的出口处进行，可通过使用风扇等设备来调节空气流动，以避免操作人员中毒。由于气罐中压缩气体压力较大，放气时应将充气口与导管口夹实，以防止气体泄漏，然后缓慢打开硫酰氟气罐阀门，并根据减压阀指数调整到合适的排气速度。

（4）将罐装好气体的氧气袋称重，一般充满时氧气袋充气量为 60 g，杀虫用量按 30 g/m^3 计算，实际操作时可视虫害情况而定，并间接通过氧气袋来控制；往塑料袋中充气时，尽可能先将装好熏蒸文物的塑料袋内的空气排出，再将与氧气袋连接的导气管插入塑料袋中，用力将氧气袋中的气体赶入塑料袋。在熏蒸木头橱柜时，应先将橱柜外边框接缝处用胶带密封，将硫酰氟充入一定容积的塑料袋中，将口拧紧（或用带子扎紧），放入橱柜中，迅速将柜子边缘密封。此时，在压力作用下，充入硫酰氟的塑料袋会自动松开。

（5）迅速抽出氧气袋橡胶导管后，将塑料袋口扎紧，进行 2~3 天的熏蒸，并观察熏蒸前后害虫的活动情况。

（6）熏蒸结束后，打开库房门窗使室内空气流通，然后解开塑料袋并打开橱柜，让残余的硫酰氟自然挥发。在通风 1~2 天后，操作人员方可安全进入室内。最后，可对硫酰氟熏蒸杀虫的效果进行评估。

5. 真空充氮杀虫法

真空充氮方法是将纸质类文物放置于密闭容器内，利用真空泵将密闭容器内的空气抽出，然后再充入氮气，使害虫、霉菌缺氧而死。该方法效果较好，所使用的氮气无毒、无害、不易燃易爆，对纸张、字迹无明显的不良影响，所需时间约为 72 小时。操作步骤是：第一步，将纸质类文物置入复合薄膜袋内，抽真空；第二步，充入氮气，静置 2~3 天。

6. 钴 60 照射法

钴 60 照射法可以杀死害虫、霉菌的生物活细胞组织，具有广阔的应用前景。研究表明，钴 60 照射法对一般纸质类文物害虫有效，而且经钴 60 照射过的纸质类文物无任何有害物质残留，且对人体也无害，因而此方法较为安全可靠。但此方法不宜自行采用，应将纸质类文物交予专业机构，委托其进行杀虫消毒。

(二) 纸张脱酸

1. 氧化镁脱酸法

氧化镁脱酸法处理后的图书，80%的使用寿命明显延长了300%；pH值从处理前的4.3~7.5达到处理后的7.6~9.0，碱残留量大于1.5%。该方法操作简便，费用低廉，占地空间小，处理时间短，脱酸后纸张的寿命可延长2~3倍。然而此方法可能不适用于某些书写材料，并且对于较厚的纸张脱酸效果不佳。

2. 巴特尔法

巴特尔法是在韦驮法的基础上做了相应改进，从而在脱酸后，可以达到防止空气中酸性气体侵蚀的效果，并且有助于提高纸张耐久性，延缓纸张老化，纸张pH值可提高至8~9，碱残留量可达1%~2%。

3. 韦驮法

韦驮法采用5%甲氧基碳酸镁、5%~10%甲醇和90%氟利昂配合使用，经由凯利等进行配方改进后，改为用5%甲氧基甲基碳酸镁、10%甲醇和85%氟利昂混合使用。其脱酸效果显著，处理后的纸张pH值可达8.5~9.5（冷水抽提法），碱残留量为0.7%~0.8%。经此法处理后的纸张稳定性也有所提高，若全天候运转，该方法的年处理量可达26万册，但因所使用的甲醇具有一定毒性，操作时工作人员须注意安全。

4. 超临界流体纸张脱酸法

超临界流体是指温度、压力高于其临界状态的流体。超临界流体具有许多独特的性质，如黏度、密度、扩散系数、溶剂化能力等性质对温度和压力的变化十分敏感，其黏度和扩散系数接近气体，而密度和溶剂化能力则接近液体。所谓的超临界流体纸张脱酸法就是一种采用超临界流体技术进行纸张脱酸的方法，将纸张置于超临界CO_2处理装置中，经过萃取净化后，加入脱酸剂和夹带剂进行处理，即可使纸张的pH接近中性。该发明将超临界流体技术应用于纸张脱酸，既省时省力，又无有机溶剂污染，且处理后的纸张未见弯曲、变形、色彩扩散、跑墨、粘连等现象。

(三) 纸质类文物清洗和漂白技术

纸质类文物在展览、阅读等过程中，由于保管不慎，表面会附着灰尘、泥土，以及沾染茶、墨、油迹等，有的因久受烟熏，纸张变黄。为了去除污迹，恢复洁净，就需要对纸张进行清洗和漂白。

1. 除尘

清除纸张上灰尘最基本的方法，一般是使用软毛刷轻轻刷掉浮尘，但由于效率不高，且污染空气，目前大多已改用吸尘器处理，可有效清除纸张上的灰尘。

2. 水洗

水洗通常是使用蒸馏水清洗并除去纸上的水斑和泥斑，这是最经济、最常用的方法。清洗前须先检验水对字迹、色彩的影响，如果出现褪色，就应当用聚甲基丙烯酸甲脂树脂溶液或胶矾水对字迹的色彩进行加固，然后再行处理。水洗时还要注意水温，一般使用温水，必要时也可使用沸水。操作时，先准备一个搪瓷盆或塑料盆，注入蒸馏水，将纸张文件平展在塑料托板或支撑在塑料网上，再放入盆中，直至全部浸湿，用毛笔刷洗污迹，经过一定时间的浸泡，把纸张从盆中取出，继续用蒸馏水冲洗干净，对 pH 做检测后，用吸水纸吸掉水分，放在两张吸水纸中间压平、干燥。

3. 有机溶液清洗

对于某些用水难以清除的污迹，选择合适的去污溶剂至关重要。将纸张沾染了污迹的一面放在吸墨纸上，用棉花蘸取溶剂，在污迹部分进行拭擦，并从背面用海绵吸去多余溶剂，污迹由于溶剂的作用会转移到吸墨纸上。随后，换用新的吸墨纸，并再次用海绵吸附。如此反复多次，直至污迹去尽为止。采用有机溶剂去污，具有效果好、速度快以及不会使纸张产生明显膨胀的优点。但所用的各种有机溶剂易燃，且有毒性，因此使用时须注意安全。

4. 漂白

用溶剂法无法去除的污迹，可以尝试用漂白来清除。漂白是比较剧烈的氧化还原过程，它会使纸张的组织因受到侵蚀而导致韧性被削弱，使墨水或颜料褪色并失去光泽。因此，漂白之前必须进行局部试验，在取得经验并证明行之有效的基础上，方可使用。常用的漂白剂有以下四种。

（1）过氧化氢。过氧化氢，俗称双氧水，无色液体，能与水、乙醇或乙醚以任何比例混合，在不同情况下起氧化或还原作用。

用于漂白的过氧化氢溶液，是将过氧化氢和乙醚以等量比（体积）混合，过氧化氢要在振荡时用乙醚掺混，这种乳浊液放置后会分成两层，乙醚在上层，过氧化氢在下层。而乙醚溶液中含有漂白所需的足够的过氧化氢，可用棉花蘸取来去污。这是一种温和的漂白剂，一般都要先进行去污试验。对于发黑的铅白和红丹，可以用过氧化氢使它变为白色的硫酸铅，以恢复其原来面貌。

（2）次氯酸盐。次氯酸盐是一种传统的纸张漂白剂。常用的是次氯酸钙，白色晶状体，未吸湿时含有效氯70%。此外，有时还会使用次氯酸钠，苍黄色，极不稳定，易溶于水，水溶液呈碱性，是一种强氧化剂。用次氯酸钠漂白分为三步：首先配制5%的次氯酸钠溶液，用来浸泡纸张，借助碱性作用使纸张变软；然后将纸张移入含有浓盐酸的水溶液中（5g/1 150ml）；最后把处理过的纸张放在含有2%的硫代硫酸钠溶液中，用以清除残存的氯，然后再用水冲洗干净即可。所选取的浓度和时间应根据污迹的污染程度而定。

（3）氯胺-T。氯胺-T为白色或微黄结晶性粉末，稍有氯气臭味，不苦，暴露于空气中时会缓缓分解，易溶于水、乙醇，不溶于氯仿、乙醚或苯。它的水溶液对酚酞及石蕊试剂呈微碱性反应，pH值为8~10。氯胺-T的漂白作用较为温和，其漂白性能会慢慢丧失，在纸张上不会残留腐蚀性物质，因此不需要用水冲洗。另外，所用的醇溶剂可以蒸馏回收，因而此法也是比较经济的。

（4）高锰酸钾。高锰酸钾，深紫色晶状体，有金属光泽，味甜而涩，比重为2.703，可溶于水，遇乙醇即分解，是目前较为常用的漂白剂。其配方及操作过程如下：先将需漂白的纸张放入浓度为0.5%的高锰酸钾溶液中浸泡约5分钟，然后取出，移至浓度为2%的草酸溶液中，最后采用蒸馏水清洗，直至清洗液呈中性为止。目前也有人采用以下两种方法：①先用浓度为0.26%的高锰酸钾溶液冲洗5分钟，然后用等量的浓度为1%的硫酸钠和浓度为1%的草酸混合溶液冲洗2分钟，最后用蒸馏水洗至中性。②先用浓度为1%的高锰酸钾溶液冲洗5分钟，然后用浓度为1%的柠檬酸或草酸溶液冲洗5~10分钟，最后用蒸馏水洗至中性。

漂白法只能应用于保存状况良好，但污迹又难以用溶剂去除的纸张。对于脆弱、易粉的纸张，一般不宜采用此法。操作时必须控制溶液浓度、漂白时间，并随时观察纸张状态，以便发现问题并及时处理。

(四) 纸质类文物的加固技术

1. 传统装裱法

我国传统装裱技术已有千年的历史，字画经装裱后既美观又便于观赏和保存。古旧字画年代久远，因而纸质变脆，色泽变深，污迹较多。采用装裱处理，可将污迹除去，破损处修补完整，同时，画芯在上浆之后强度有所增加，可起很好的保护作用。

装裱一般分为单面托裱和双面托裱。单面托裱是在书画文字的背面进行裱托；双面托裱则适用于两面有文字的纸张。两者在工艺上基本相同，区别在于对所使用的托纸要求不同。双面托裱所用的托纸，应透明度大，加固后不会影响文字的阅读。而单面托裱，只要托纸质量上乘即可。常用的托纸都是经由专门加工的，如料半、连史、川连等。

装裱是目前应用较为广泛的一种方法，其操作步骤为：将需装裱的纸张用湿毛巾覆盖或以清水喷湿，使之润湿，舒展平整。施以浆水，再盖上托纸，用浆糊刷刷平。在上刷托纸时，左手拿着纸张的另一端，不时地将托纸和纸张书页轻轻掀松，并要与右手动作相配合，既不能刷得太紧，也不能刷得太松，以不刷出夹皱为宜。待全部刷好后，再翻转置于干纸上，用浆糊刷排刷，使之黏结牢固。

托裱又分湿托和干托，主要区别在于应根据档案的纸张强度、字迹洇散等状况选择合适的方法。如干托适用于字迹遇水溶解、洇化、扩散的字画，湿托适用于字迹遇水不洇化、扩散的的字画。

2. 蚕丝丝网加固法

蚕丝丝网是一种新型加固材料，适用于脆弱薄型纸张及纺织类文物的加固，如棉纸、毛边纸、连史纸、有光纸、新闻纸。尤其适用于两面文字书写或印刷纸的加固，也适用于字迹遇水渗化的纸质文件的加固。

本技术采用的丝网是用单根蚕丝织成的，在其上喷涂热熔胶，使用时只需熨烫，使之与纸张粘连即可。采用该技术加固纸质类文物丝毫不影响文字的视读。该技术不但解决了两面有文字的纸质类文物以及不能用传统托裱修补的脆弱纸质类文物的加固问题，还具有操作简便、材料耐老化性能好等优点。

该方法的操作步骤是：先将加固对象的皱折理平，对好破口，在破口处加一小条丝网，以便连成整体。在层压机底平衬上羊毛毡，然后在加固件上覆层。待层压机自控温度指示到达80℃，施加轻微压力即可，反面按相同方法操作。操作时应注意，丝网必须平整，网目最好与文字行路垂直，熨斗按顺序熨压，不要跳花，以免丝网起皱，用力要匀，一熨而过。加热温度一般须控制在80℃左右，温度太高会对纸张产生影响，太低则不易黏合，在操作中应灵活调整。此方法现已在全国多个档案馆、图书馆和博物馆推广应用，用于敦煌经卷、宋代纸币、康有为《大同书》等一大批珍贵文物的加固，并取得了显著效果。

3. 纸浆修补法

修补与加固是修复工作中的重要环节，也是保护脆弱纸张、延缓其寿命所采取的有效措施之一。此法将需要修补的纸张平放在网板上，然后在残缺、蛀洞的地方注入预先配制好的纤维素（纸浆、棉纤维、树脂）悬浮液，当溶液往下渗透时，溶液中的纤维素能够堵住蛀孔，填补残缺，将纸张修复。

该法用纸浆作为纸张破损部位的修补材料，目前已得到广泛应用，其操作方法分手工修补和机械修补两种，其中以机械修补为主，该方法是通过纸浆修复机来完成的。

4. 高分子材料加固法

高分子材料加固法是指对高分子材料进行增强和加固的方法和技术。高分子材料是由长链分子组成的材料，常见的高分子材料包括塑料、橡胶、纤维素等。加固高分子材料的目的是提高其强度、刚度和耐久性，以适应特定的应用需求。

以下是五种常见的高分子材料加固法。

（1）纤维增强。纤维增强是指在高分子基体中加入纤维材料以增强其性能。常用的纤维包括玻璃纤维、碳纤维和芳纶纤维等。这些纤维在高分子基体中形成增强的网状结构，提高了材料的强度和刚度。

（2）预浸法。预浸法是一种将纤维材料事先浸渍于高分子树脂中，形成预浸料，然后通过固化过程将纤维材料与树脂牢固结合在一起的方法。预浸料具有较高的纤维含量和均匀的树脂分布，可以提供更好的加固效果。

（3）注塑增强。注塑增强是在高分子材料的制造过程中，通过在注塑机中加入增强材料，如纤维、颗粒等，使其与高分子材料混合并注塑成型。这种方法可以提高材料的强度、刚度和耐热性。

（4）界面改性。界面改性是通过改善纤维与高分子基体之间的界面结合性能来增强材料。常用的方法包括使用界面活性剂、改性纤维表面、添加增容剂等，以提高纤维与基体之间的黏合力和相容性。

（5）复合材料制备。复合材料是指由两种或更多种不同类型的材料组成的材料系统。常见的高分子复合材料包括纤维增强复合材料（如碳纤维复合材料）和颗粒增强复合材料。通过合理选择和组合不同材料的性能，可以获得具有优异性能的复合材料。

这些方法和技术可以根据具体的需求和应用来选择和组合使用，以达到对高分子材料的加固和改性目的。

5. 辐照加固

辐照加固是指通过射线辐照使加固剂[①]与纸张发生接枝聚合反应，从而结合为一体，提高纸张的耐久性。当纸张加入一种加固剂后，加固剂的分子便附着在纸张纤维的表面和浸入纸张纤维内部，这时加固剂分子与纤维素分子没有化学键联接，因而起不到加固纸张

---

① 加固剂是指1∶5体积比的丙烯酸乙酯和甲基丙烯酸甲酯的混合体。

的作用，或仅有微小的加固作用。当浸有加固剂的纸张采用一定剂量的γ射线辐照后，浸入纤维内部和表面的加固剂分子便以化学键的形式与纤维素的化学键发生了联接，即发生了接枝聚合作用，使加固剂分子与纤维素分子的化学键牢牢地结合为一个整体，使纸张的强度和耐久性显著增加，达到了加固图书档案纸张的目的。辐照加固的主要工艺流程是：

（1）将需要处理的图书档案置于适当的容器内。

（2）然后用充氮等方法除去容器内的空气和氧气。

（3）将加固剂充入容器内（其量由容器的容积和图书档案的数量而定）。

（4）密闭数小时，温度保持在85℃，压力保持在0.18kg/cm^3，使加固剂全部分散在图书档案纸张内。

（5）然后将装有图书档案的容器用γ射线辐照。

（6）辐照结束后，向容器内通入空气，将容器内残余的加固剂清除干净，再通风几天，取出图书档案入库。

辐照加固技术选择加固剂是十分关键的一步，必须经过反复试验研究，要求加固剂具有极性和挠性等特性。辐照加固技术对辐照剂量的控制也很重要。辐照剂量过高，可能会给纸张纤维素造成破坏；剂量太低，又达不到应有的接枝聚合效果。不同年代的不同种类纤维的纸张接枝聚合反应的难易是不同的，有下列规律：近代棉纤维纸>近代机制纸>老棉纤维纸>老机制纸。

二、博物馆纺织类文物的维护

纺织类文物是指与纺织工艺、纺织品相关的历史遗物或文化艺术品。纺织类文物可以包括各种纺织工具、纺织品、织物碎片、服饰等。纺织类文物在研究历史、考古学、艺术和文化等领域都具有重要价值。它们可以帮助我们了解古代纺织技术、传统工艺、服饰文化和社会生活等方面的信息。许多纺织类文物现在被保存在博物馆、考古遗址和文化遗产机构中，供人们学习和欣赏。

（一）消毒灭菌方法

博物馆中的纺织类文物是非常珍贵和脆弱的，因此，在进行消毒和灭菌处理时需要谨慎操作，以确保其保护和保存。以下是一些常用的消毒灭菌方法，适用于纺织类文物的处理。

第一，干热消毒。将纺织类文物置于烘箱或干燥箱中，在高温下进行消毒。温度和时间应根据纺织品的类型和材质而定，以避免破坏或损伤。

第二，紫外线消毒。利用紫外线辐射杀灭细菌和微生物。将纺织类文物暴露在紫外线照射下，但要注意控制紫外线的强度和照射时间，以避免对纺织品的光敏材质造成损害。

第三，气体消毒。使用一些特定的气体，如乙烯氧化物或二氧化硫等，对纺织类文物进行消毒。这种方法需要在专用设备中进行，并且需要遵循相关的安全操作规程。

第四，低温消毒。对于一些特别敏感的纺织类文物，可以选择低温消毒方法，如冷冻或冷气灭菌。这可以帮助杀灭微生物而不会对纺织品造成热损害。

在进行消毒和灭菌处理之前，博物馆应该进行充分的研究和测试，以确定适合特定纺织品的最佳方法。此外，需要确保在处理过程中遵循正确的操作程序和安全标准，以保护文物的完整性和价值。最好咨询专业的文物保护人员或纺织品保护专家，以获取更详细和准确的指导。

（二）清洗方法

文物清洁是文物保护工作中相当重要的一环。"织品的清洁方法需要根据织品文物的种类、纤维分类来选择。"① 以古代丝织品为例，清洗方法一般可分为：传统清洗方法和常用清洗方法两大类。

第一，传统清洗方法。传统清洗方法是使用如生姜、皂荚、面粉、冬瓜、豆腐水、洗米水等天然清洗剂对丝织品进行清洗。

第二，常用清洗方法。文物清洁的常用清洗方法主要包括：湿洗法、干洗法、超声波清洗法、药物清洗法、生物技术清洗法。湿洗法是针对质地较坚实、污染严重、不易掉色的织物；干洗法是针对不溶于水的污斑，或水溶液可能会引起褪色的丝织物；超声波清洗法一般采用较低功率密度的超声波在表面用较短时间清洗，以防止空化腐蚀损伤丝织品；药物清洗法是针对长期埋藏于地下或受各种环境和有害物质作用的丝织品的清洗方法；混合溶剂及特殊清洗法是针对存在多种污垢的丝织品；生物技术清洗法是采用生物技术促使蛋白质类污染物分解的清洗方式。

（三）修复方法

我国的古代丝织品修复方法经历了漫长的历史发展，并形成了一套独特而有效的技术和工艺。以下是一些常见的古代丝织品修复方法。

第一，织补修复。对于受损的丝织品，可以使用与原布相似的丝线进行织补修复。修

---

① 刘仕杰. 浅析织品文物清洁维护 [J]. 文物鉴定与鉴赏，2022，(12)：44.

复人员会根据纹样和色彩，采用相同的编织技术，将丝线织入受损区域，使其与原布相融合。

第二，缝补修复。对于破损的丝织品，可以使用丝线进行缝补修复。修复人员会根据破损的位置和形状，选择适当的缝补方法，使用细针和丝线进行缝补，以修复破损的部分。

第三，黏补修复。在某些情况下，丝织品可能会有部分缺失或破碎，此时可以使用透明的文物胶进行黏补修复。修复人员会将胶水应用于破损的边缘，然后将其精确地对齐并黏合在一起，以恢复丝织品的完整性。

第四，填补修复。对于有大面积缺失的丝织品，可以采用填补修复的方法。修复人员会选择与原布相似的丝织品材料，剪裁成缺失区域的形状，然后用丝线固定在受损部分，使其看起来完整。

第五，清洗与保护。在进行修复之前，丝织品通常需要进行清洗，以去除污渍和污垢。修复人员会采用特殊的清洗方法，使用温和的清洁剂和适当的技术，避免对丝织品造成进一步的损害。修复完成后，还需要采取措施维护后的丝织品，如妥善存放、避免阳光直射等。

总之，古代丝织品修复是一项复杂而细致的工作，需要修复人员具备专业的知识和经验。此外，修复过程中应遵循文物保护的原则，尊重原物的真实性和历史价值，尽量保留原有的痕迹和特征。因此，在进行古代丝织品修复时，最好寻求专业的文物保护机构或专家的指导和帮助。

(四) 加固方法

博物馆中的丝织品文物通常是非常脆弱和易损的，为了确保其安全和稳定展示，需要采取一些加固方法。以下是一些常见的博物馆丝织品文物加固方法。

第一，支架和展示架。对于大型或重型丝织品文物，可以使用支架或展示架来提供支撑和稳定。这些架子应该根据文物的尺寸和重量进行定制，以确保文物在展示过程中不会受到损害或变形。

第二，布面加固。在某些情况下，丝织品可能有破损或脱线的部分，可以使用细丝线或无酸性的丝织品胶水进行布面加固。修复人员会将细丝线或胶水应用于破损或脱线的边缘，将其精确地对齐并固定在一起，以加强文物的结构稳定性。

第三，轻质支撑。对于某些特别脆弱的丝织品文物，可以使用轻质支撑材料，如无酸性泡沫板或无酸性卡纸板，将其支撑起来。这些材料应该根据文物的形状和需求进行裁剪，以提供均匀的支撑，并避免对文物造成额外的压力或损害。

第四，温湿度控制。丝织品对环境条件非常敏感，温度和湿度的变化可能会导致纤维材料的收缩、膨胀或劣化。因此，博物馆应该实施严格的温湿度控制措施，确保文物所处的环境稳定。这可以通过空调系统、加湿器、除湿器等设备来实现。

第五，定期检查和维护。博物馆应该定期检查丝织品文物的状态，特别是展示和存放条件。发现任何破损、脱线或其他问题时，应立即采取措施进行修复和加固，以防止进一步的损害。

需要注意的是，加固丝织品文物是一项敏感而复杂的工作，应该由专业的文物保护人员或纺织品保护专家来进行。他们具有专业知识和经验，能够根据不同的文物特点和状况提供定制的加固方案，并确保在加固过程中保护文物的完整性和价值。

三、博物馆石质类文物的维护

石质类文物是指由石头或岩石制成的历史遗物或文化艺术品。石质类文物可以包括各种雕塑、建筑构件、器皿、碑刻等。石质类文物在研究历史、考古学、艺术和文化等领域都具有重要价值。它们提供了关于古代文化、宗教、社会结构和技术的珍贵信息。许多石质类文物现在被保存在博物馆、考古遗址和文化遗产机构中，供人们学习、展示和保护。

（一）石质类文物的清洗

石质类文物上的尘埃、油烟、霉菌、污物、溶盐等对文物都有着不同程度的危害，应采取正确的方法加以清洗或清除。

第一，石刻上尘埃的清除。落在石质类文物上的尘埃遇到潮湿空气时，其中的可溶性盐、碱就会腐蚀文物。以重庆大足石刻为例，对其造像上的尘埃做采样分析后发现，其主要成分为石膏、熟石膏和复盐，可以采用毛笔或软毛刷轻轻刷除。

第二，雨水冲刷痕迹的清洗。先用去离子水清除易溶于水的污物，然后用浓度为5%的六偏磷酸钠溶液清洗雨水冲刷的痕迹，若雨痕太深难以清洗，则用浓度为5%的六偏磷酸钠多层纸张贴敷法让其与污物充分接触、络合，从而除去雨痕，最后用去离子水冲洗石刻，清除残留在石质类文物上的清洗剂。

第三，油烟、菌类的清洗。用浓度为14%的氨水和浓度为5%~10%的丙酮溶液清洗，效果十分显著，油烟、霉菌可全部清洗掉。若清洗的部位特别潮湿，为了防霉，可采用浓度为0.02%的霉敌乳剂处理，在石刻表面形成一个防霉、透气、无眩光的保护膜。

第四，黑色、绿色霉菌与低等植物共生复合体所形成的污染物的清洗。先用清水浸湿污染物，再用浓度为50%的丙酮溶液清洗，而后使用浓度为14%的氨水清洗，再用浓度为0.4%的霉敌乳剂进行杀菌、防霉、防苔藓、防地衣的处理。

第五，石刻上溶盐及硬质沉积物的清洗。充分利用石刻内部毛细作用和纸张纤维纹理的协同抽吸作用，在石刻有溶盐的部位采用多层纸张贴敷法，用排笔蘸取去离子水，将柔软的吸水纸贴敷于石刻表面，使纸张与石刻紧密相贴，石质中的溶盐会在石刻毛细作用和纸张纤维纹理的协同抽吸作用下进入纸张糊敷层，待纸层干翘后留在纸层纤维中，此时揭下纸层，如此反复几次，溶盐就可基本清除。

（二）石质类文物断裂处的黏结

对于表面比较完整，石刻质地、强度比较好的大块石质艺术品（石雕或石刻）的断裂问题，可用强度好、黏着力强、收缩率低、内聚力大、稳定性好、低蠕变、高韧性的环氧树脂黏合剂来黏结。操作步骤：①清洗石质类文物断裂面；②干燥（自然干燥或用电吹风吹干）；③用毛刷在断面均匀涂抹环氧树脂黏合剂；④待半干时，合对裂口，稍微用力，使其黏结；⑤待黏合剂固化；⑥修理作旧。

比较脆弱的石质类文物，为防止因黏合力过强而造成结合面后部破碎，致使与石头本体分离，因此不建议采用环氧树脂黏合，应以硝酸纤维素来替代。对于断裂面较大、裂缝较宽，且石质表面又比较脆弱的文物或博物馆内的石制品，可采用聚乙酸乙烯酯加大理石粉和适当颜料做成"面团"，压进石质类文物裂缝内，待干燥1~2天后，加以修整即可。

（三）石质类文物的加固

大型石质类文物特别是大型石窟寺建筑，往往会因自然因素、人为因素的破坏，出现裂隙、断裂、崩塌。为了更好地保护它们，需要根据石质类文物的实际损坏的程度，选择不同的加固方法。

1. 石质类文物加固材料的特殊要求

（1）不影响石质类文物原貌，不降低文物价值。

（2）能使石质类文物风化表层的疏松颗粒黏合成一个整体，这是选择风化石质类文物加固封护材料的最基本要求。

（3）加固材料黏合性好、强度高。

（4）加固材料渗透好、透气性好。

（5）加固材料抗水性和透水性好，既可使石质中的水分逸出，又能防止外界水分的进入。

（6）加固材料耐老化性能好，材料及加固效果须具有长期和良好的稳定性。

2. 灌浆加固

灌浆加固工艺借鉴了建筑工程上用以增强建筑稳定性的方法，该法因有很多优点而被引入石窟的加固中。但建筑所使用的水泥颗粒较粗，不能灌入 0.25 mm 以下的微细裂缝，且凝固时水泥体积会收缩，与岩石的黏结力较小，会导致加固效果不好，因此，文物保护工作者在加固石质类文物时尝试应用了有机高分子材料。

20 世纪 60 年代中期，我国开始使用比丙烯酸酯类共聚物性能更优越的环氧树脂灌浆，并与金属锚杆结合的方法来加固石窟。环氧树脂固化时不会有副产物，因而不产生气泡，且体积收缩非常小，加之环氧树脂渗透性好，可灌入 0.1 mm 的细微裂缝中。此外，该方法还具有黏着力强、内聚力大、韧性高、稳定性高、易改性、操作性能良好等优点。反复采用加压灌浆的方法，使环氧树脂渗入石质类文物的各种裂缝中，若裂缝较宽，可适当添加一些如水泥、沙子、岩石粉、碎石等填料，既能增加固化的机械强度，还可降低成本。加锚杆是为了增加加固的深度，以及裂缝的加固强度，在敦煌石窟、龙门石窟、麦积山石窟、云冈石窟的修复中都取得了良好的加固效果。

3. 岩体强度较低的砂砾岩石窟的加固

由于砂砾岩、砂岩力学强度较低，而环氧树脂力学强度太大，超过了岩体本身的强度，会造成岩体黏结面之间出现剥离现象，直接影响加固效果。因此，可选用适合砂岩、砂岩灌浆用的材料 PS-C，PS 为高模数硅酸钾水溶液，C 为黏土。高模数硅酸钾水溶液是一种可渗透和固化岩石的材料。它可以渗透到砂砾岩石窟的裂缝和孔隙中，并在固化后形成坚硬的胶状物质，增加岩石的强度和稳定性。这种水溶液通常由硅酸钾和水混合而成，其比例根据具体情况可以进行调整。

黏土也可以用作加固材料。黏土具有较好的黏性和可塑性，可以填充岩石裂缝和孔隙，增加岩石的整体强度。黏土可以与水混合成糊状物质，然后填充到岩石的缝隙中，随后可以通过固化来增加黏土的强度。

在实际操作中，通常会先清理砂砾岩石窟表面的杂物和松散物，然后使用高模数硅酸钾水溶液进行渗透固化。接着，可以将黏土与水混合形成糊状物质，并将其填充到岩石的缝隙中。待黏土固化后，可以进一步加固整个岩石窟的稳定性。

需要注意的是，砂砾岩石窟的加固方法应根据具体情况进行评估和设计，并且最好由专业工程师或相关领域的专家来实施。

4. 脆弱石质类文物的加固

（1）早期，对于一些因可溶性盐活动而开裂剥落，甚至酥粉的石质类文物，一般采用石蜡加固。处理小型器物时，先将石蜡熔融，再进行减压渗透；处理大型石质类文物时，一般先将石质类文物加热，再将事先准备好的石蜡和石油醚软膏状物敷在热石头上，蜡会被吸收到石孔中，待溶剂挥发完，再加热敷蜡，直至石质类文物不能再吸收为止。

（2）随着高分子材料的发展，丙烯酸酯类、有机硅类高分子材料逐渐代替了石蜡法。

（3）用硅酸钠和硅酸钾加固脆弱石质类文物。将硅酸钠和硅酸钾等溶于热水中，形成黏稠溶液来浸渗加固脆弱的石质类文物，使可溶性硅酸钠或硅酸钾在石质类文物中转变为不可溶的硅酸盐。

（4）用氢氧化钡来加固石灰石或大理石质类文物。利用氢氧化钡溶液中的盐分在石质类文物孔隙中凝结或与石材发生化学反应，从而堵塞孔隙以形成阻挡层或替代层。

（5）室内风化酥粉石质艺术品的加固。对酥粉十分严重，既不宜喷涂，也不宜刷涂的石质类文物，可用毛笔或软毛刷蘸取浓度为4%~5%的丙烯酸酯类溶液，采取接触渗吸法加固，使加固剂接触渗吸物，直至不再渗吸为止。

5. 石质类文物的修补

许多露天保存的石质类文物，经物理、化学、生物及人为破坏，出现了断裂、残缺。对残缺的文物，通常采用环氧树脂胶泥进行修补。环氧树脂胶泥修补剂的组成部分包括液态环氧树脂、固化剂、增塑剂和填料，常用的填料有炭、石墨、硅石、石英粉、大理石粉、铝粉等，具体用什么填料进行修补须视被修补石质类文物的强度、残缺部位的颜色而定。

6. 石质类文物的表面保护

石质类文物，特别是露天石质类文物，除了需要根据损坏情况进行黏结、加固和修补外，还需要采取有效的表面保护措施，减缓风化速度，延长石质类文物的寿命。

（1）大面积机械性保护措施。

第一，加盖遮雨棚。加盖遮雨棚可以有效阻止因日晒引起的石质类文物表面温度剧烈变化，从而延缓石质类文物的表面风化、剥蚀。

第二，做排水渗水工程。在石窟窟顶、附近山体下做好渗水、排水工程，可有效阻止水蚀的直接影响，如大足石刻在石窟后的山体下，挖了深80多米的排水井和几百米长的排水通道，排水效果良好。

（2）石刻表面保护膜保护法。目前，石质类文物表面保护的主要措施多是采取在石质表面加无机或有机的高分子材料保护层，防止空气中各种有害因素对文物继续腐蚀风化。国内外较多采用的保护材料包括低黏度的环氧树脂、甲基丙烯酸酯类、尼龙材料、有机硅树脂、氟碳树脂、氢氧化钠-尿素等。除此之外，还可采用微生物对岩石进行转化及石灰水表面保护法。

第一，石质类文物表面保护材料的要求：①黏合性好，能将石刻表层疏松颗粒黏成一个整体；②渗透性好，具有良好的填充性；③抗水性好，即疏水性好，可作石刻防水剂；④透水性好，能使石刻内部的水散出，而外部水不能进入表层；⑤透气性好，当石刻毛细孔内的水在高温下蒸发时，不会使膜破裂；⑥耐老化性能好，老化期长；⑦成膜性好，能够形成无色透明、无眩光、致密的膜，同时具有防潮、防空气中有害气体的能力。

第二，有机硅树脂的特性：①有机硅树脂既含有烷基又有硅氧键，是一个介于有机高分子和无机材料之间的聚合物，因此具有一般高聚物的抗水性、耐老化性、黏合性、成膜性，同时具有渗透性能、填充性能好等特点；②有机硅树脂的结构性能决定了它与石质有很好的相容性，因而二者之间具有很好的结合力，且可以通过化学反应形成比物理结合力强很多的化学结合力，将风化石质表面的疏松颗粒联结成一个整体；③有机硅对石质类文物表面的保护，可以使石质表面具有透气性、透水性和抗水性。

有机硅树脂在石质表面保护中的应用，根据石质类文物风化程度的不同，所使用的表面保护剂及保护方法也不同：①风化程度较轻、强度较好的石质类文物的表面保护采用有机溶剂乙醇稀释聚硅氧烷，降低黏度后涂渗，待乙醇挥发后，有机硅氧烷树脂会留在石质类文物表面，形成无眩光的透明保护膜，起到防护作用。②风化严重的石质类文物的表面保护。石质类文物风化较严重时，采用有机硅氧烷单体引发聚合的方法来加固。而经有机溶剂稀释后的硅氧烷树脂，虽因黏度降低可渗入风化层，但有机溶剂挥发完剩下的有效聚有机硅氧烷树脂较少，无法胶结风化松散物，因而丧失了表面封护的作用。这种情况下应选用硅氧烷单体、甲基三甲氧硅烷、四乙氧基硅烷、四甲氧基硅烷，使之在活性引发剂的作用下缓慢聚合，其渗透深度可达 3~5cm，并且可以胶结风化松散物，既能有效加固风化层，又能起到很好的表面保护作用。

（3）微生物转化表面保护法。微生物转化法，主要是利用含有硫酸盐还原菌-脱硫弧菌属细菌的溶液，处理由空气中二氧化硫及碳微粒等污染物在石质类文物表面形成的硫酸钙层。采用此法处理过的石质表面会形成方解石，而在形成方解石的过程中，微生物起到了净化大理石表面的作用，为石质类文物表面保护探索了一种有发展前景的新方法。

（4）石灰水石质类文物表面保护法。将石灰泡入水中形成石灰水或石灰浆液，以用于加固和保护石质类文物。具体方法是：将新鲜的石灰浆液敷在石质类文物上，厚度一般为 20~30mm，为防止干透，每天可淋洒石灰水，在保护 2~3 周后，除去石灰糊，并将残垢清洗干净，接着用新配制的饱和石灰水溶液涂刷石质表面，反复连续涂刷几天，即可在石质表面形成一层保护涂料,起到一定的保护作用。此法的原理是利用饱和石灰水,在石质类文物表面与空气中的 CO_2 反应,形成碳酸钙,覆盖于石质类文物表面,并形成保护层,从而起到保护作用。

四、博物馆金属类文物的维护

博物馆中的金属类文物是指由金属材料制成的艺术品、工艺品或历史文物等,展示和保存在博物馆中供观众欣赏和学习。这些金属文物可以包括青铜器、铁器、银器、金器、铜镜、钟表等各种不同类型的物品。博物馆中的金属类文物需要经常进行维护,以保护其保存状态和延长其寿命。具体维护方法如下。

(一)金属类文物的清洁

定期清洁金属类文物,是保护文化遗产和历史遗迹的重要举措。因此,定期清洁金属类文物是必不可少的。

第一,定期清洁金属类文物可以防止氧化和腐蚀的发生。金属类文物暴露在空气中时,会与氧气反应产生氧化物,逐渐导致金属的腐蚀和退化。通过定期清洁,可以去除金属表面的污垢和氧化物,减缓金属的腐蚀速度,延长文物的寿命。

第二,定期清洁金属类文物有助于恢复其原有的美观。随着时间的推移,金属类文物表面会积累尘埃、油脂和其他杂质,使其失去光泽和细节。定期清洁可以去除这些杂质,使金属类文物恢复原有的光亮和细腻,展现出其真正的美丽。

第三,定期清洁金属类文物也是文化遗产保护的一种尊重和呵护。金属类文物代表着历史的痕迹和文化的传承,保护它们就是保护人类文明的珍贵遗产。通过定期清洁,我们向文物致以敬意,表达对历史和文化的尊重。

第四,定期清洁金属类文物还可以提供研究和展览的基础。清洁后的金属类文物更容易被研究人员观察、分析和研究,从而深入了解文物的制作工艺、历史背景和文化价值。同时,清洁后的金属类文物也更适合用于展览,向公众展示人类历史的辉煌与壮丽。

总之,定期清洁金属类文物是必要且重要的。它可以防止氧化和腐蚀、恢复美观、尊重文化遗产并提供研究和展览的基础。我们应当高度重视金属类文物的保护工作,确保它们得到妥善的清洁和维护,以便子孙后代能够继续欣赏和了解这些宝贵的文化遗产。

(二)保持稳定环境

金属类文物对环境条件敏感,特别是湿度和气候变化。确保博物馆内部的温度和湿度保持稳定，以防止金属类文物发生腐蚀、氧化或变形。可以使用空调系统、加湿器、除湿器等设备来控制环境条件。金属类文物容易受到环境中的氧气、湿度、温度和污染物等因素的影响，因此必须采取适当的措施来保护它们。以下是保持稳定环境的五个关键因素：

第一，温度控制。金属类文物应该处于相对稳定的温度范围内。极端的温度变化可能导致金属膨胀和收缩，加速腐蚀或损坏。通常，建议将温度保持在18到22摄氏度之间。

第二，湿度控制。湿度是金属类文物保存中的重要考虑因素。过高的湿度可能导致金属腐蚀，而过低的湿度可能导致金属干燥和开裂。一般而言，相对湿度应该控制在40%~60%之间。

第三，光线控制。暴露在强光下会加速金属的氧化和褪色过程。因此，博物馆中的金属类文物应避免直接阳光照射，并使用低照度照明系统。此外，应定期更换展示位置，以避免文物长时间接触光线。

第四，空气质量控制。控制博物馆内的空气质量对金属类文物的保护至关重要。空气中的污染物，如二氧化硫、二氧化氮和有机化合物等，可能与金属发生反应并引起腐蚀。应该采取适当的过滤和通风措施，确保空气中的污染物含量尽可能低。

第五，监测和保护。博物馆应该安装监测设备，定期监测温度、湿度和空气质量等参数。此外，金属类文物应采取物理屏障、适当的封装和防护措施，以防止物理损坏和触摸。

总之，维护博物馆金属类文物的稳定环境需要专业知识和系统的管理方法。博物馆通常会有专门的保护团队或保护部门来负责确保文物得到适当的保护和维护。

（三）金属类文物的矫形

对质地较好的铜器采用加温矫形法，利用烘干箱加温，并将温度控制在250℃内以消除残片的内应力。用两块模具，内外模各一块，合成一套。把变形的铜器按照合适弧度置于模具之间，与模具形状相对，用加压钳加压，经过反复加温施压，直至铜器变形部位恢复原形。

对韧性强的铜器采用加温矫形法，并用捶打的方式进行矫形，可以达到良好的效果。如果铜器弧度向外扩张，可在变形部位先垫一凹形的铅砧子，再用铅锤在内壁上轻轻捶打，使弧度逐渐向里收缩。也可用半球体的铅砧子，垫在铜器弧壁内侧，再从外侧轻轻锤击，使变形部分慢慢向外扩张而得以纠正。根据变形的程度及部位，也可以利用不同的工具、夹具，采用支撑、顶压、撬搬、扭及焊接等方法对铜器进行整形，但要避免给文物造成新的伤痕。

(四) 金属类文物的补缺

对于形状特别的附件，用铸造方法来修复，如爵足、鼎足、兽耳、兽面等。利用器物上的另一足或另一兽耳为模型，翻制范模，采用精密铸造的方法铸铜配件，配件铸成功后，修饰花纹和残缺形状，再焊补到器物上。经锉打、磨光洁，再用传统方法进行做旧处理、牙刷弹锈等，使补缺部分的外观颜色与整体色调一致。

(五) 金属类文物的表面封护处理

博物馆中的金属类文物常常需要进行表面封护处理，以保护其免受环境中的氧化、腐蚀和物理损伤等因素的影响。下面是四种常见的金属类文物表面封护处理方法：

第一，蜡封。蜡封是一种常用的金属类文物表面保护方法。它涉及将蜡涂抹在金属表面，形成一层保护性的薄膜。蜡可以阻止氧气和湿度直接接触金属表面，减缓氧化和腐蚀过程。蜡还可以提供一定的物理保护，减少表面划痕和摩擦。

第二，清漆封护。清漆封护是另一种常见的金属类文物保护方法。清漆可以形成一层透明的保护薄膜，防止氧气、湿度和污染物直接接触金属表面。清漆还可以增加金属的光泽和外观，同时提供物理保护。

第三，缠绕封护。对于较大的金属类文物，可以使用缠绕封护的方法。这涉及将特殊的保护材料（如特殊纸或塑料）包裹在金属表面周围，形成一个保护层。这种封护方法可以提供物理屏障，防止氧气、湿度和污染物的直接接触，并减少物理损伤的风险。

第四，稳定性处理。有些金属类文物可能已经出现了腐蚀或损伤，需要进行稳定性处理，以防止进一步恶化。这可能涉及使用特殊的防腐剂或稳定剂，以稳定金属的化学状态，并阻止进一步的氧化和腐蚀。

此外，表面封护处理应该由专业的保护人员进行，他们具备专业知识和经验，能够选择适当的封护方法，并确保处理过程不会对金属类文物造成任何损害。保护处理应该定期检查和维护，以确保其有效性，并根据需要进行修复或更新。

五、博物馆陶瓷砖瓦类文物的维护

博物馆中的陶瓷砖瓦类文物是指由陶瓷材料制成的砖瓦，展示和保存在博物馆中供观众欣赏和学习。这些陶瓷砖瓦可以包括各种不同类型的瓷砖、屋顶瓦、地砖等。陶瓷砖瓦在历史上被广泛应用于建筑和装饰领域，具有丰富的文化内涵和艺术价值。它们可以展示不同时期、不同地区的建筑风格和装饰技法，反映出当时的社会、经济和文化背景。

（一）陶瓷砖瓦类文物的维护意义

博物馆陶瓷砖瓦类文物的维护具有重要的意义。以下是一些主要的维护意义。

第一，保护文化遗产。陶瓷砖瓦作为文物的一部分，具有独特的历史、文化和艺术价值。维护这些文物可以保护人类文化遗产的完整性和丰富性，确保后代能够欣赏和学习古代文明的发展和成就。

第二，研究和教育价值。陶瓷砖瓦是了解古代建筑和装饰艺术的重要途径。通过维护这些文物，可以为研究人员提供宝贵的信息和线索，有助于揭示古代社会的生活方式、审美观念和工艺技术。同时，通过博物馆的展览和教育活动，可以向公众普及历史知识，提高文化素养。

第三，观赏价值。陶瓷砖瓦作为艺术品，具有独特的美学价值。维护文物的原貌和质地，使其保持良好的外观和观赏价值，可以让人们欣赏到古代陶瓷工艺的精湛之处，感受到历史的魅力和艺术的魅力。

第四，传承传统技艺。许多古代陶瓷砖瓦的制作工艺和技术已经逐渐失传或被淘汰。通过维护这些文物，可以为传统技艺的保护和传承提供实践基础。保存好的陶瓷砖瓦文物可以成为学习传统技艺的参考和范本，帮助培养新一代的工匠和艺术家。

第五，文化交流与合作。陶瓷砖瓦是不同文化交流和合作的见证。通过维护和展示这些文物，可以促进国际的文化交流与合作，增进不同文化之间的了解与友谊。

总之，维护博物馆陶瓷砖瓦类文物不仅有助于保护和传承人类文化遗产，还有助于研究、教育、观赏、传统技艺的传承以及国际文化交流与合作。这些意义使得维护工作变得至关重要，以确保这些珍贵的文物能够永久保存并为人们所共享。

（二）陶瓷砖瓦类文物维护的注意事项

博物馆中展示的陶瓷砖瓦类文物需要特殊的维护来保护它们的原始状态和美观。以下是一些注意事项。

第一，温度和湿度控制。陶瓷砖瓦对环境湿度和温度的变化敏感。为了保护它们，应该在展览区域内维持稳定的温度和湿度。使用空调、加湿器和除湿器等设备来控制环境条件，确保相对湿度保持在适当的范围内。

第二，避免日光直接照射。长时间的日光直接照射可能导致陶瓷砖瓦颜色的褪色和表面的损坏。因此，展品应该远离阳光直射，或者使用特殊的窗帘、窗膜或遮光设备来过滤紫外线和有害光线。

第三，轻柔清洁。定期清洁陶瓷砖瓦是保持其良好状态的关键。使用柔软的刷子或无纺布清洁表面，避免使用化学溶剂或过于湿润的清洁剂。如果出现顽固的污渍，应咨询专业人员以获取适当的清洁方法。

第四，防止碰撞和振动。避免陶瓷砖瓦受到碰撞或振动，这可能导致它们的破损或脱落。在展览陈列时，采取适当的支撑和固定措施，确保展品的稳定性和安全性。

第五，定期检查和维护。定期检查陶瓷砖瓦文物的状态，包括表面的损伤、裂纹或脱落情况。及时采取必要的修复和保护措施，以防止进一步的损害。

第六，定期照明轮换。为了保护陶瓷砖瓦的色彩和表面，应定期轮换展示的照明位置。这样可以减少光线对文物的长期影响，并平衡照明对展品的影响。

最重要的是，针对博物馆中的具体文物，最好咨询专业的文物保护人员或博物馆工作人员，他们具有经验和专业知识，能够提供更具体的指导和建议。

（三）陶瓷砖瓦类文物维护的步骤

1. 陶瓷砖瓦类文物的清洗

新出土的陶瓷砖瓦类文物及其碎片往往沾有各种污泥、浊土以及石灰质、石膏质、硅质等沉积物，一般都需要进行清洗。

（1）软质泥土的清洗。陶瓷砖瓦类文物出土后通常都沾有不少软质泥土，可先用普通水初步清洗，然后再用蒸馏水洗净。

（2）彩绘陶器上干硬泥土的清洗。彩绘陶器的表面有一层较薄的、由金属氧化物颜料和动植物胶绘制而成的膜。这层膜与陶器黏结力不强，加之受地下水长期浸泡或陶器表面泥土干缩的影响，黏结力会更加薄弱，不宜用水泡洗或冲洗。处理这种彩绘陶器上的污垢时，可用脱脂棉球蘸水或乙醇等溶剂，待局部干硬泥垢浸润变软后，再用薄薄的小竹片小心地剔除，最后用棉签蘸水轻轻洗去绘画膜上残留的少量、易软化的泥土。瓷器与砖瓦类文物上的干硬泥土，可先用水将其软化，再用毛笔或软笔蘸水轻轻刷洗干净。

（3）陶瓷文物表面沉积物的清洗。陶瓷表面的沉积物、污垢虽对文物没有腐蚀性，但会因遮盖文物的表面彩绘装饰而影响文物的美观，所以也需要清除干净。陶瓷文物表面的沉积物一般有石灰质、石膏质及硅质，这些沉积物均难溶于水和有机溶剂。虽因沉积物中各物质的性质不同，所用的清洗剂和清洗方法也不同，但清除沉积物的原理基本可分为两大类：分解沉积物中的阴离子以及利用整合剂（络合剂）夺取沉积物中的阳离子。

第一，用分解阴离子的方法清洗陶瓷文物表面的沉积物。

石灰质沉积物的清洗。清洗前，先用水浸泡器物，然后用滴管吸取足量的浓度为10%

的盐酸或硝酸滴在沉积物上，使石灰质碳酸分解，待产生的新盐溶解后，用水洗去盐类和过量的酸。

石膏质沉积物的清洗。石膏质沉积物虽然不溶于盐酸、硫酸、稀硝酸，却可与具有氧化性的浓硝酸反应而形成可溶性硝酸盐。将沾有石膏质沉积物的器物先用水浸湿，然后滴少量浓硝酸于石膏质上，待其溶解后，及时用机械法去除，最后用水洗去余液。

硅质沉积物的清洗。硅质是最不容易清除的沉积物，一般用浓度为1%的氢氟酸涂于硅质沉积物表面，每次涂抹几分钟，而后用水洗净，反复操作，直至硅质沉积物被彻底清除。因氢氟酸有剧毒，所以此法应慎用。

通常陶瓷文物表面都含有这三种沉积物，但又不易辨别。这种情况下，一般按石灰质、石膏质、硅质的顺序来清除。

第二，用螯合剂夺取阳离子的方法清洗陶瓷文物表现的沉积物。先用螯合剂夺取陶瓷类文物表面沉积物中的阳离子，形成易溶于水的螯合物，而沉积物中的阴离子又可与螯合剂中的钠离子形成新的可溶性钠盐，最后用清水洗去可溶性钠盐及可溶性螯合物，即可达到清除沉淀物的目的。常见的络合剂有六偏磷酸钠和乙二胺四乙酸二钠盐（即乙二胺四乙酸二钠盐）。

六偏磷酸钠螯合清洗剂。用浓度为10%的六偏磷酸钠水溶液浸润沉积物，以螯合沉积物中的阳离子而生成溶于水的螯合物，然后用蒸馏水清洗螯合物及可溶性钠盐即可。若沉积物坚硬难除，可用多层纸张贴敷法来清除，用浓度为10%的六偏磷酸钠将多层纸张浸润，贴在沉积物上，使新生成的整合物和可溶性钠盐渗入多层纸中，待水分蒸发后，可溶性盐会留在纸层中，最后将纸层揭下，即完成一次清洗。重复上述操作2~3次，沉积物就会被全部清除。

乙二胺四乙酸二钠盐螯合清洗剂。将附着有沉积物的陶瓷片和陶器，放入浓度为75%~80%的EDTA螯合清洗剂中，翻动20~30分钟后取出，用大量的水冲洗，刷除软化的沉积物。若一次未洗净，可重复上述操作，直至清除干净为止，最后用浓度为2%的乙酸溶液中和，除去碱性，再用蒸馏水清洗，晾干。

第三，陶瓷表面由炭黑和有机脂形成的污垢的清洗。清洗由炭黑和有机脂形成的污垢可用强氧化剂进行氧化处理，使炭氧化成二氧化碳，有机脂化合物氧化变为小分子有机物，用水冲去即可。清洗这类污垢常用浓度为3%的双氧水，具体操作是：用棉球蘸取浓度为3%的双氧水溶液，浸润污垢数次，待污垢去除后，用蒸馏水冲洗，晾干。

第四，彩绘彩釉陶瓷的清洗。清洗表面有彩绘彩釉的陶瓷时要特别小心，可先在隐秘处做小面积的试验，如果效果良好，可以大面积清洗；若对文物有损伤则立即停止，另选用其他办法。对彩绘彩釉陶瓷一般采用浓度为3%~5%的盐酸清洗，而不能用会腐蚀彩绘彩釉的硝酸、乙酸、硫酸、氢氟酸来清洗。

第五，陶瓷砖瓦类文物中可溶盐的清洗。可溶盐对陶瓷砖瓦类文物的危害十分严重，在进行黏结、加固等处理前必须将其清除干净。去除可溶盐一般采用蒸馏水浸泡，定期换水；也可用电渗法来加速除盐清洗，即在浸泡槽的两头插入不锈钢电极，以浓度为5%的稀氨水作为电解质通入 $1\ A/cm^2$ 的直流电，使陶器中的金属离子加速运动，从陶器中析出。电渗法的效果可用电导率来评估。因为可溶盐是电解质，在水中含量越高，电导率就越大，因此，当电导率降到一定程度并保持不变时，就可认为可溶盐已清洗干净。如果器物表面已严重风化、酥粉，处理时可在其表面敷上浸湿的滤纸或吸水纸，保护表层不被溶液泡散，再进行处理。处理时，表面滤纸要定期更换。为确保表面酥松器物的安全除盐，也可将多层纸张或滤纸水敷于器物表面，利用陶器内的毛细孔隙和纸张纹理的协同抽吸作用，将器物中的可溶盐逐步转移到纸张中，重复此操作，直至纸张再无溶盐析出为止。溶盐清除的程度，可用测纸张浸提液的电导率来判断。清洗完后的器物要阴干，以防止变形。

2. 陶瓷砖瓦类文物的黏结

（1）陶瓷砖瓦类文物黏结剂的基本要求。

第一，能保持文物原貌，即黏结前与黏结后文物的外貌基本一致，在陶瓷碎片黏结完成后，无明显的黏结痕迹。

第二，必须具备流动性。

第三，必须具备长期性和稳定性，即黏结好的陶瓷砖瓦类文物能长时间保持稳定、不氧化、不吸潮、不软化、不变色、黏结角度不改变、不变形。

第四，必须具备较强的黏着力，并能长期保持。

第五，应具有可逆性，一旦出现新的、更好的材料，可以轻易替换。

第六，黏度要小，具备可操作性，且操作性能良好，可根据需要任意调节。

第七，黏结剂固化时应具备收缩率低、低蠕变、韧性高的特点。

（2）陶瓷砖瓦类文物常用的黏结剂及其操作。

第一，环氧树脂黏合剂。

特点：黏着力强；收缩力小；内聚力大；操作性能好，可任意调节黏度，使其具有良好的流动性和浸润性；稳定性高，具备良好的耐老化性、耐溶剂性、耐化学性、耐热性；能保持文物原貌，无黏结痕迹。环氧树脂基本符合陶瓷类文物黏合剂的要求，因此是陶瓷砖瓦类文物修复中常用的黏结剂。

操作步骤：①清洗黏结面。用水（若有油污时需用乙醇或丙酮等有机溶剂）清洗黏结界面，可用毛笔或小软毛刷蘸水（或有机溶剂）轻轻刷洗，使被黏结面洁净、无油污、无灰尘、无外来杂质。将清洗过的器物置于50℃~60℃或室温环境中自然干燥。②涂胶。用牙签挑取环氧树脂黏合剂，均匀涂满断面，使黏合面浸润完全，防止因涂胶不匀而出现固化不完全、黏缝不整齐或黏合错位等现象。③固化。固化剂和固化时机是决定黏合性能的主要条件。待黏合剂半干时，合对断面，并轻轻用力，一般接触压即可。黏结时，断面要对齐，并固定放置，以防错位，并及时用小刀剔去合对断面时挤压出的余胶。

第二，硝酸纤维素黏合剂。

特点：①稳定性好、耐气候、耐老化。②黏结效果好。黏结能力强、黏结强度好。③相容性好。和增塑剂、改性剂、填料之间具有良好的相容性。④可逆性好。固化后仍可用丙酮溶液清除。⑤具有抗菌能力。因分子中含有硝基而具有抗菌能力。

操作步骤：黏结陶瓷类文物的操作方法和用环氧树脂黏合剂的操作基本相同。不同之处在于，硝酸纤维素固化后，仍可用丙酮溶液去除黏性，这点对于陶瓷类文物的黏结十分重要。

第三，聚甲基丙烯酸甲酯黏合剂。

特点：具有橡胶的柔软性和弹性；无色透明；化学稳定性好，具备良好的耐热、耐溶剂、耐水性；黏合性好；机械性能好；具有耐洗涤性和良好的操作性。

操作步骤：①清洗。断面用毛笔或小软毛刷蘸水或有机溶剂轻轻刷洗黏结面，使黏结面洁净、无油垢、无灰尘、无外来杂质。清洗后，于50℃~60℃环境中烘干或自然干燥。②涂胶。用毛笔蘸含有浓度为5%~8%聚甲基丙烯酸甲酯的丙酮溶液，均匀涂满断面，使界面浸润完全。③固化。待涂胶半干后，合对断面，合对时一定要对齐断面，以防黏结错位，并固定放置，待固化后及时用氯仿擦净挤压出的余胶。

第四，聚氰基丙烯酸酯黏合剂。

特点：常温常压下，无须加固化剂便可快速固化，对比较脆弱的陶器非常适用。黏合剂固化后，结合面呈无色透明，抗拉强度高，黏合后几乎看不出痕迹。且毒性小，对人体无害。

操作步骤：清洗断面，涂胶，待固化并擦除余胶。

第五，聚苯乙烯陶瓷砖瓦类文物黏结剂。

特点：在长期与潮气接触的情况下，完全不吸水，即使在水中浸泡300小时，吸水量也极低。电气性能极为优异，由于吸水性极小，所以在潮湿情况下，仍能保持极其优越的电性能，化学稳定性高。聚苯乙烯黏结剂的抗冲击强度、抗张强度、抗弯曲强度及伸长率随温度的下降而增强，也随聚苯乙烯分子量的增大而增加。

操作步骤：用丙酮和甲苯的混合液来配制溶液，涂匀，待半干时，合对断面，固定固化后，用丙酮或甲苯擦去挤压出的余胶。

3. 陶瓷砖瓦类文物的加固

（1）陶瓷砖瓦类文物加固剂的基本要求。

①使用加固剂后，应能保持文物的原貌，确保加固前后外观基本一致，无明显的加固痕迹；②应选无色透明、渗透性好的加固材料；③加固材料必须具备良好的黏结性、牢固性；④加固材料必须具备长期性、稳定性，加固处理后文物应能保持长期稳定；⑤操作方便，经济，能达到最佳的保护效果。

（2）陶瓷砖瓦类文物常用的加固剂及其特点。

第一，陶瓷砖瓦类文物常用的聚乙酸乙烯酯加固剂。聚乙酸乙烯酯，呈无色黏稠液体或无色至微黄色透明玻璃状颗粒。无臭，有韧性和塑性。不会因光照、加热而变色或老化，在30℃左右软化，可溶于乙醇、丙醇，不溶于水和脂肪。

第二，聚乙酸乙烯酯加固剂的特点。①黏合力强，黏合强度高。②耐老化、耐气候性极为稳定，即使加热到180℃也不会变黄。③与填料、增塑剂相容性好。凡添加到聚合物中能使塑性增加的物质都叫增塑剂。可增强聚合物的塑性，其表现为聚合物的硬度、模量、软化温度和脆化温度下降，而伸长率、曲挠性和柔韧性提高。④可以自由调节黏度，具有良好的早期黏合强度，是较为理想的陶瓷砖瓦类文物的加固剂。

（3）渗透加固陶瓷类文物。由于陶瓷类文物具有多孔或网状结构，所以加固溶液易渗透到其内部，经固化后起到加固作用。而陶瓷文物因保存完好程度不一，所采取的具体加固方法也不同。

第一，质地、强度较好的陶瓷类文物的加固。用聚乙酸乙烯酯乳液进行加固。先在木箱内铺一层塑料布，倒入蒸馏水，浸没瓷器，然后视文物情况加入聚乙酸乙烯酯乳液作为加固剂，浓度由稀到浓，隔日增加，待数日浸渗完毕后取出，小心擦去多余的加固剂，晾干即可。

第二，脆弱陶器的加固。因为陶胎多孔隙、疏松、脆弱，可用含浓度为5%～15%聚乙烯酯的乙醇或丙酮溶液做渗透加固，最好采取减压渗透。可具体操作包括：将脆弱陶器放在一个可以减压的容器中，加入含浓度为5%～15%聚乙烯酯的乙醇或丙酮溶液，浸没陶器，减压渗透，将陶器事先置于40℃的烘箱内进行干燥处理，使渗透加快，以减少浸泡时间。取出陶器后，由于溶剂乙醇挥发较快，聚乙酸乙烯酯会快速固化。

第三，潮湿又不便干燥的陶器的加固。对潮湿不便于干燥的陶器可采用聚乙酸乙烯酯乳液进行渗透加固。由于乳液浓度高，可完全渗透，且固化快，渗透完毕后取出，擦除表面多余的聚乙酸乙烯酯乳液，晾干。

第四，表面酥粉陶器的加固。修复表面酥粉的陶器不宜采取渗透加固，可用浓度为5%的乙醇溶液轻轻多次喷涂（喷时以不吹起粉末为原则），若须进一步加固，则用聚乙酸乙烯酯乙醇或丙酮溶液渗透加固。

第五，带釉面而表面酥粉陶器的加固。针对带釉面而表面酥粉的陶器，若剥落层较厚，则用浓度为10%的聚乙酸乙烯酯丙酮溶液黏贴加固。

第六，砖瓦类文物的加固。由于陶器和砖瓦都是以土做坯烧制而成的，所以砖瓦所含的化学元素和构造都与陶器相似，因此出土砖瓦类文物的加固可参照陶器的加固方法进行。少量质地、强度均较好的砖瓦类文物则采用聚乙酸乙烯酯乳液进行渗透加固；而对于大量的、较脆弱的砖瓦类文物，可用浓度为5%~15%的聚乙酸乙烯酯溶液喷涂加固。

4. 陶瓷砖瓦类文物的表面保护

（1）空气中的有害气体及其形成的酸雨等对陶瓷类文物，特别是对露天砖瓦类文物损害极大，会引起严重的化学风化，致使古建筑漏水或坍塌。

（2）在潮湿的地方，空气中的尘埃、菌类附着于砖瓦类文物上会滋生霉菌、苔藓、藻类。这些微生物及其代谢产物会侵蚀砖瓦类文物，加速风化，特别是加速生物风化。陶瓷砖瓦类文物的表面保护一般采取无机或有机高分子材料进行涂刷或喷涂，形成保护层。

有机硅树脂陶瓷砖瓦类文物表面保护剂包括以下三种。

第一，有机硅树脂表面保护剂的特点：表面黏结力强；无色透明，不产生眩光；具有防水、防污染、防盐蚀的性能；耐酸性、耐久性好。

第二，表面保护操作方法：将有机硅树脂涂刷或喷涂于陶瓷砖瓦类文物表面，形成一层肉眼不可见的无色透明保护膜。因陶器、砖瓦类文物均结构疏松且多孔，因而在进行涂刷、喷涂表面保护剂时，表面保护剂会渗入器物表层以下一定的深度，这样不仅可以保护器物表面，还可以起到一定的加固作用。

第三，聚丙烯酸酯类溶液表面保护剂的特点：耐老化性能好；无色透明；抗酸耐碱；耐风沙磨损；具有防水、防霉、防苔藓、藻类的性能，即防生物风化效果尤为显著；渗透性好，可起到加固和封护的作用；价格便宜；使用简便，可涂刷或喷涂。

六、博物馆饱水漆木器类文物的维护

博物馆中的饱水漆木器类文物是指由竹木材制成并进行了饱水漆处理的艺术品、家具或其他木制品，展示和保存在博物馆中供观众欣赏和学习。这些饱水漆木器常常具有精美的纹饰和色彩，展示了丰富的艺术技巧和文化内涵。饱水漆是一种传统的装饰技法，使用天然树脂、植物汁液等材料进行涂抹和雕刻，使木制品表面呈现出光滑、亮丽、耐久的效果。饱水漆木器在不同的文化中都有独特的风格和特点。

（一）饱水漆木器类文物的清洗

竹木漆器的清洗不仅要根据文物的不同材质、埋藏环境和发掘方式选取适合的方法，同时还要避免可能对今后的脱色、脱水等处理造成干扰和影响。竹木漆器文物的污染物主要来自墓葬内及周边土壤，反映了埋藏环境中的基本信息。因此，清洗前要仔细观察辨识，确定是否有需要留存的重要信息。一般情况下，应在采集取样后，再进行清洗处理。

在清洗前首先应对污染物进行分类，以筛选出适合的清洗材料和方法。竹木漆器长期埋藏于地下复杂的环境中，所含污染物较多。从成分上，可分为无机污染物和有机污染物。无机污染物主要是由地下水和土壤造成的，以及金属锈、盐类等；有机污染物从化学组分上可分为脂肪、淀粉、蛋白、纤维素等。以所处部位来分类，可分为表面污染物和内部污染物，表面污染物主要来自墓葬中尸体的分解物、微生物的代谢物以及金属器物的锈斑等。

常用的清洗材料为蒸馏水、表面活性剂（阳离子、阴离子、非离子等）、络合剂、软化剂、常用无机酸、常用有机酸、纱布、宣纸、保鲜膜等。

（二）饱水漆木器类文物的浸泡

饱水木漆器在清洗完成后，如不能及时进行脱水，须采用浸泡的方法保存，以防止干缩变形以及灰尘、细菌、有害气体、有害光线的伤害。

（三）饱水漆木器类文物的脱色

竹木器类文物特别是竹木简牍，出土与空气接触后，在氧气及光照等的共同作用下，颜色从米黄色迅速变为棕褐色。对竹木器类文物进行脱色处理可恢复竹木本身的部分颜色，以便通过肉眼清晰识读所写文字，有助于对竹木简牍的研究。因此，对竹木简牍进行脱色，是目前普遍采用的有效方法。

常用的脱色方法有以下四种。

1. 草酸脱色法

（1）脱色液。草酸，又名乙二酸，呈无色透明单斜晶系结晶；通常以含两个结晶水的形式存在；可溶于水，且可稍溶于乙醚和乙醇；易风化失水而形成无水草酸。

(2) 脱色操作：制备浓度为 3%~5% 的草酸水溶液，将待脱色的饱水竹木器放入草酸溶液中；对于大型器物，一般是将配制好的草酸溶液缓慢倒入装有器物的容器内，草酸溶液的用量至少应为器物体积的 5 倍，在常温下需脱色 5~30 分钟。

(3) 残留溶液的清除：取出器物，浸泡于蒸馏水中 30 分钟；换蒸馏水，再浸泡 30 分钟；再次更换蒸馏水。对于大型器物，在蒸馏水浸泡的时间需相应延长。

2. 乙二胺四乙酸二钠脱色法

(1) 脱色液：乙二胺四乙酸二钠，呈白色结晶性颗粒和粉末；无臭无味；易溶于水，微溶于乙醇，不溶于乙醚；浓度为 2% 的水溶液 pH 值为 4.7，常温下较稳定。

(2) 脱色操作：制备浓度为 1%~2% 的乙二胺四乙酸二钠水溶液，将待脱色的饱水竹木器放入乙二胺四乙酸二钠溶液中。对于大型器物，一般是将配制好的乙二胺四乙酸二钠溶液缓慢倒入装有器物的容器内。乙二胺四乙酸二钠溶液的用量至少应为器物体积的 5 倍，在常温下须脱色 1~24 小时。

(3) 残留溶液的清除：取出器物，浸泡于蒸馏水中 30 分钟；换蒸馏水，再浸泡 30 分钟；再次更换蒸馏水。对于大型器物，蒸馏水的浸泡时间须相应延长。

3. 连二亚硫酸钠脱色法

(1) 脱色液：连二亚硫酸钠，呈白色结晶粉末；极易溶于水，不溶于醇；相对密度为 2.3~2.4，在水溶液中不稳定，受潮会分解发热且易燃；加热至 75℃ 以上会分解、放热，并释放出二氧化硫；具有强还原性，在空气中能氧化成亚硫酸氢钠和硫酸氢钠。

(2) 脱色操作：制备浓度为 1%~2% 的连二亚硫酸钠水溶液，将待脱色的饱水竹木器放入配制好的溶液中。对于大型器物，一般是将配制好的脱色溶液缓慢倒入装有器物的容器中。脱色溶液的用量至少应为器物体积的 5 倍，在 40~50℃ 下须脱色 10~60 分钟。

(3) 残留溶液的清除：取出器物，浸泡于蒸馏水中 30 分钟；换蒸馏水，再浸泡 30 分钟；再次更换蒸馏水。对于大型器物，蒸馏水的浸泡时间须相应延长。

4. 竹木漆器的脱水

竹木漆器发掘出土时往往饱含大量水分，状如海绵，且质地糟朽。若长期浸泡，则会加速腐蚀。因此，对饱水竹木漆器进行脱水，是目前普遍采用的有效保护方法。但是，若在自然环境条件下任其干燥，将可能使文物各部位出现不同程度的收缩、变形或开裂，因此，须针对具体情况选择与之相适宜的应对方法。在脱水过程中，应遵循以下几个原则：保持文物的外形与外观；使处理后的文物能够长久稳定地保存下来；具有可再处理性，不影响信息资料的提取。

目前，国内外对于饱水竹木漆器脱水方法的研究，从最原始的自然干燥法，发展到了使用各种化学、物理技术的脱水方法。国外对于饱水木器的研究较多，而国内对于饱水竹木漆器的研究较多，主要方法有以下八种。

（1）自然干燥法。自然干燥法是利用水在常温状态下可蒸发的特性，在不使用化学试剂和不改变水的物理状态的条件下，让其自然蒸发，这也是饱水竹木漆器脱水所使用的最原始的方法。沙埋法、麻布或塑料薄膜包裹法、硅胶或无机盐湿度调节法等都是由该方法衍生而来的。

沙埋法是用沙子将饱水竹木漆器掩埋起来，让水分透过沙子缓慢渗出，使饱水竹木漆器逐步干燥。需注意的是，要选择细而干净的沙子；沙子掩埋的深度应以不会压垮器物为度；针对内空的器物，为防止因沙子的压力而造成塌陷，需在器物内部也灌入沙子。

用硅胶或无机盐调节湿度是将器物置于一密封容器内，使用硅胶或无机盐水溶液逐渐降低环境湿度，以达到使器物内水分缓慢挥发而脱水的目的。

自然干燥法使用范围有限，从目前的饱水竹木漆器脱水经验来看，仅有少量机械强度较佳的竹木漆器、脱胎漆器、陶胎和金属胎以及杉木质地的漆器可采用此法。

（2）乙二醛填充法。乙二醛填充脱水法是使用一定浓度的乙二醛（一般为30%或40%）直接浸泡饱水竹木漆器，待渗透充分后，让水分自然挥发，留存于器物中的乙二醛与竹木器胎体内物质发生一定程度的化学反应，起到填充和加固器物的作用。

乙二醛为无色或淡黄色棱状结晶或液体，结晶易潮解。可溶于水，易溶于常用有机溶剂。一般商品级别乙二醛是浓度为40%的乙二醛溶液，为无色或微黄色液体，久置易产生白色树脂状固体聚合物，遇热聚合物又会转变为液体。

脱水过程中所使用的化学试剂纯度应为化学纯级别或以上。若须缩短工期，可使用恒温热浸槽脱水专用设备。该方法适用于绝大多数饱水竹木漆器的脱水加固。

（3）高级醇填充脱水法。先用乙醇完全置换饱水竹木漆器内的水分，再用高级醇完全置换乙醇，使高级醇保存在器物内部而达到脱水定型的目的。

高级醇不溶于水而易溶于乙醇，常温下化学性质稳定，不挥发，颜色为纯白色，毒性极低，这是高级醇可用于饱水竹木漆器脱水的重要原因。用于饱水竹木漆器脱水的高级醇一般为十六醇或十八醇。脱水过程中所使用的化学试剂纯度应为化学纯级别或以上。高级醇填充脱水法所需主要设备是密封良好的恒温烘箱。该方法适用于小型饱水漆竹木器的脱水，对大多数饱水竹木漆器而言，有机溶剂会对漆膜产生副作用，因而不适用于高级醇填充脱水法。

（4）聚乙二醇填充脱水法。聚乙二醇填充脱水法是利用聚乙二醇材料的水溶性、相对稳定性、常温下为固体等特性，通过聚乙二醇置换饱水竹木漆器内的水分，从而达到固定竹木漆器形体、脱除竹木漆器水分的目的。

脱水过程中所使用的化学试剂纯度应为化学纯级别或以上。聚乙二醇填充脱水法的主要设备为恒温热浸槽。另外，还须配置测量浸渍液浓度（重量法）和器物质量的基本仪器，主要包括旋转蒸发器及恒温干燥箱等（以真空干燥箱最为适用）。该方法适用于大部分饱水竹木器和少量残破漆器的脱水。

（5）真空冷冻干燥脱水法。该方法是使饱水器物在冷冻结冰的情况下干燥。过程中，冰不融化，这个从固态直接汽化使器物得以干燥的过程叫作冷冻干燥脱水。若升华时环境气压很低且接近真空状态，则这一过程就称为真空冷冻干燥。真空冷冻干燥的原理是，器物失去水分时，木材的表面张力会降为很小，这样饱水竹木漆器干燥后的形状就能保持基本不变。

采用该法的必需条件：①器物必须充分冻结，温度须保持在脱水溶液的共晶点以下；②器物中的冰是以升华方式进行脱水的，升华过程中必须严格控制环境温度，不允许出现冰结融化的现象；③脱水环境气压应控制在真空状态，以利于水分更快地升华。该方法适用于饱水竹木器的脱水。

（6）乙醇-乙醚连浸法。物质的不同形态被称为不同的"相"，两相界面上的分子所受到的周围分子的作用力与某一相内部的分子受到的分子间的作用力是不同的。在气液界面，所有液面的分子都有一个垂直指向液体内部的力，它们相对液体内部的分子来说处于不平衡的状态，有向液体内部移动的趋势，即缩小外表面积，抱成球，从而成为液珠。我们将这种使界面缩小的作用力称为表面张力。

在饱水竹木漆器失水干燥的过程中，水的表面张力很大（20℃时可达到72.8mN/m），随着水分的失去，因器物过度糟朽，在表面张力的诱导下，器物表面会发生严重的收缩。因此，与真空冷冻干燥类似，乙醇-乙醚连浸法也是考虑到降低器物干燥时表面张力的破坏作用，而采用液体挥发时表面张力小的乙醇、乙醚相继置换水分，使得器物干燥时可以保持其外形不改变。

在乙醇-乙醚置换脱水的基础上，向乙醚中添加适当的化学材料，作为脱水后保存于竹木器中的填充材料，这也就是所谓的乙醇-乙醚-树脂填充脱水法，能够更好地降低乙醚挥发时器物的各向收缩率。该方法适用于小型饱水竹木漆器的脱水。对大多数饱水竹木漆器而言，有机溶剂会对漆膜产生副作用，所以乙醇-乙醚连浸法并不适用。

（7）蔗糖填充脱水法。蔗糖填充脱水法是利用蔗糖的水溶性、相对稳定性，以及常温下为固体等特性，通过用蔗糖置换饱水竹木漆器内的水分而实现填充、固定竹木漆器形体的效果，从而达到脱水的目的。该方法适用于小型饱水竹木漆器。

（8）乳糖醇填充脱水法。乳糖醇填充脱水法是利用乳糖醇的水溶性、相对稳定性，以及常温下为固体等特性，通过用乳糖醇置换饱水竹木漆器内的水分而实现填充、固定竹木漆器形体的效果，以达到脱水的目的。该方法适用于大多数饱水竹木漆器。

七、博物馆画类文物的维护

博物馆中的画类文物是指各种绘画作品，包括绘画艺术的传统和现代作品，展示和保存在博物馆中供观众欣赏和学习。这些画作可以涵盖不同的艺术风格、时期和主题。下面仅列举油画与壁画文物的维护。

（一）油画文物的维护

1. 油画文物的清洗

画面清洗是将长年沾染的污垢清除干净，在清洗画面之前，应先检查油画是否暴露了颜料，若没有，可以直接进行清洗；若有，则必须先将浮起的颜料加固保护后，再进行清洗，以免造成颜料层脱落，导致不可逆损伤。

（1）保护涂层的清洗。保护涂层长期与空气接触易发生质变，通常会变黄或变蓝。清洗保护涂层时，采用的清洗材料通常为白石油精、二甲苯、甲苯、丙酮、乙醚、乙醇等。清洗时，一般先使用最弱的清洗剂进行测试，选取颜色较淡的部位用棉签蘸取清洗剂进行擦拭，层层清洗，清洗到表面没有光泽为止，确保不会伤害到颜料层。

（2）灰尘清洗。油画在经历漫长的时间，画面和画背上会积累较厚的灰尘，出现不同程度的损坏，如画面附着严重灰尘，会造成颜料层的龟裂；画背附着严重灰尘则易受潮，若不立即清除，画面的颜料层会因为画布受潮而鼓裂。并且画布的底部是有机物，若受潮，会引起大量微生物和昆虫的寄生与繁殖。清洗灰尘常用的清洗剂有蒸馏水、氨水、松节油、白石油精等。因此，清洗灰尘时，首先确保工作区域干净整洁；其次使用适合的毛刷或画笔轻轻地刷掉画面与画背表面的灰尘和杂物；然后测试清洗，以确定所使用的清洗方法在去除难以刷去的灰尘的同时，不会对画作造成任何损伤，如用棉签蘸取少量清洗剂在油画表面较亮的部位和边缘做斑点试验。若边缘的颜料沾染到棉花上，必须立刻停止清洗，并减弱清洗剂的强度再继续清洗。最后分区清洗，从画背、画框到画面依次进行清洗，尤其是清洗画面时要顺着油画颜料的肌理纹路清洗，对于灰尘附着较厚的地方，一般采取多次清洗的方法进行处理，但一定要确保文物的安全，确保不会伤害到颜料层，否则颜料层会面临被刮落的危险。

2. 修复毁损的油画颜料层

（1）加固浮起的颜料层。加固材料应根据油画所处的环境进行选择，若油画所处的环境比较潮湿，则应选择抗潮性能较好的黏结剂。通常选用的黏合剂有蜡黏合剂、动物胶黏剂等。

第一，蜡黏合剂的使用方法：将制作好的蜡平涂于玻璃纸上，冷却后，剪成适合的大小，放置在浮起的地方，然后用熨斗轻敷于上，蜡会自然溶解，渗透进颜料层与画布之间，待冷却后用松节油清除多余的即可。

第二，动物胶黏剂的使用方法：将调好的动物胶用针筒吸取后，注射到浮起处，再用熨斗烫平。操作时须特别注意温度的控制，温度不宜过高，以免溶解颜料。另一种方法是使用毛笔蘸取动物胶轻涂于颜料浮起处，然后垫上一层纸，再用熨斗烫平，用水蘸在敷平处，静置一段时间，即可揭去纸张。

黏合的技法，通常以正面黏合、背面黏合的方式加固起甲的颜料层。需要注意的是，若采用正面黏合的方法，使用的胶黏剂不可过厚、过浓，因为颜料层加固所需要黏合剂的量不多，若使用过量，则会难以清除。背面黏合是以透过画布渗透到颜料层的方式黏合颜料与画布，此种方式较为安全，但是无法看到黏合时的状况，一般是在颜料层尚未干硬或肌理过厚不便加热时采用此法，以避免因温度过高而烫平颜料层。

（2）颜料层缺损的填补。颜料层的剥落，除了会影响画面的美观和整体的协调感以外，还会造成边缘区域颜料层的剥落。因此，颜料层剥落处填补的好坏，关系着颜料层的整体保存。通常所选的填补材料的材质应和其他修复材料相近。在填补填料之前，须先将起甲但未剥落的颜料层黏合回去，如此一来填料层才会更加牢固。

填料的用途是填平油画缺损处，如缺少这一层填料而直接上颜料，会出现凸凹不平的现象。所填材料必须易于去除。填料的种类与制作方法有以下两种。

第一，碳酸钙填料。碳酸钙填料是将 60 g 的动物胶放入 1 L 的水中，放置一夜后，隔水加热并和碳酸钙一起搅拌至糊状，冷却后再加上铅白，用画刀搅匀。

第二，蜡质填料。采用蜡、树脂以及碳酸钙所制作而成的填料，方法是将树脂溶解，然后放入蜡，再加入碳酸钙后，即可使用。此种填料适用于肌理较厚重的油画，把填料溶解后填入缺损处，溢出的部分可用手术刀剔除。

对含有旧填料的油画，在去除旧填料之前，应先将旧的修补颜料去除，然后再对其进行填补处理。

（二）壁画文物的维护

壁画的维护主要包括两部分：一是考古发掘现场的保护性揭取；二是实验室内的

维护。

1. 考古发掘现场的保护性揭取

保护壁画，不仅需要保护画面或颜料层，还应尽可能揭示并保留其所承载的所有考古信息。因此，在揭取前，首先要对壁画进行细致的清理和画面的保护，这一工作非常必要且意义重大。考古现场壁画揭取的一般工艺流程为：考古现场原始记录—画面预处理—确定分割线、制作壁画夹板—烘干—加固、封护—涂胶—贴纸—贴布—烘干—切割画面—揭取—包装运输—暂存。

（1）考古现场的原始记录。主要是指记录壁画的保存状况，如壁画的分布、面积、结构、制作材料、病害形式及病害程度等。

（2）画面的预处理。壁画是材质极脆弱的一类文物，在揭取之前对其结构性病害的治理是减少考古信息流失的一个重要环节。壁画出土时往往会出现开裂、空鼓、酥碱或脱落，颜料层起翘、粉化等问题，因此揭取前须对酥碱、粉化处进行加固；对脱落残缺部位进行修补；对空鼓部位进行临时加固等，以确保原始信息不流失。

（3）确定分割线、制作壁画夹板。墓葬壁画分割线的确定既要考虑到墓葬的结构，壁画的分布、尺寸以及存放空间，又要考虑到画面的完整性和壁画画面的对接问题。

（4）烘干。壁画保护工作中，通常选用国内外普遍认可的合成树脂（B-72）作为保护材料，因此需要先对壁画进行烘干。

（5）加固、封护。加固和封护的目的是增加画面颜料层与地仗层的强度，以避免或减少揭取过程中造成的再次损伤。

（6）涂胶。涂胶应在壁画封护后进行，贴纸、贴布所用的胶相同，一般选用桃胶、明胶、皮胶或骨胶。

（7）贴纸、贴布。贴纸的目的是避免贴布时在壁画表面留下布纹。此外，贴纸本身可增加壁画的强度，也便于后续修复壁画时的清除和清理工作。常用的纸为皮纸。贴纸结束后，须再贴一层布，以增加壁画强度，之后用炭火或红外灯将其烘干，通过切割来揭取画面。壁画揭取完成后，采用海绵及其夹板对揭取后的壁画进行包装，并转移至修复实验室或库房。建议存放条件为：温度应控制在20℃±5℃；相对湿度应控制在45%～60%；光照度≤50勒克斯；空气质量参照大气环境质量一级标准。

2. 壁画的实验室修复

（1）地仗层修整及其加固。壁画被揭取后其地仗层可能出现厚薄不均匀的情况，为便于背部支撑体的安装，需要对地仗层进行修整，修整的同时对脆弱区域进行加固处理，采用浓度为5%的丙烯酸乳液AC-33渗透加固疏松的壁画地仗层。为了保证壁画整体的稳定性，修整后的壁画地仗层厚度应不少于1 cm。

（2）蜂窝铝板背衬的安装。地仗层修整、加固后，采用弹性硅橡胶作为壁画与支撑体之间的过渡层，以及环氧树脂将壁画固定于铝蜂窝背板之上。

（3）画面的保护清理。对壁画进行彻底的清洁和修复，以去除表面的污垢、灰尘和污染物。这可以通过使用温和的清洁剂、柔软的刷子和湿布进行。

（4）画面的加固处理。壁画画面的加固处理包括清洁修复、紧固松动颜料、增加保护涂层、控制环境条件、定期检查和限制接触。清洁去污垢，修复破损，使用保护性涂层防污染。控制湿度、温度和光照，安装空调、加湿器或除湿器。定期检查，修复损坏和脱落。设置保护栏限制接触。专业保护人员可提供更好的保护效果。

（5）表面封护。为避免墙体毛细水等侵蚀揭取壁画，前期在揭取时应采用低浓度的乙基丙烯酸酯共聚物进行预加固处理。在画面修整完成后，应再次采用浓度为1%的乙基丙烯酸酯共聚物的丙酮溶液进行表面封护处理，以避免损坏颜料。

第四节　博物馆文物的保管

博物馆文物保管的目的是保护、研究和展示文物，以便人们可以学习和欣赏它们的价值和意义。保管中的文物可以是古代的，也可以是现代的，可以来自不同的文化和地区。它们代表了人类的历史、文化和创造力，对于了解和保存人类遗产具有重要的价值。博物馆文物的保管包括以下内容。

一、博物馆文物的定名与登记

（一）文物定名

定名是对文物进行全面的鉴定研究与分析，并将分析结果，按照一定规律，用最简练的词句进行标识的过程。定名是在对文物进行初步的科学研究基础上进行的一项工作，定名工作本身就是对文物的一种鉴定研究。文物定名的正确与否，直接关系着各项管理工作的质量高低与提取使用的方便与否。所以，文物定名工作十分重要。同时，文物名称又是对文物进行研究的一项成果，因此对定名工作必须认真研究，要制定一个比较可行的文物定名原则，以便使定名工作规范化。

文物定名总的原则可以归纳为以下两点。

第一，准确性。对一件文物的定名，一定要力求准确、简明、具体，要能充分反映文物的概貌、特征和主要内容，即直接表述出文物的外在形式和最本质的内涵特征，使名称与文物相吻合，一见其名，如见其物。

第二，科学性。文物定名要能够反映该文物的基本面貌和基本特征，一定要通过科学鉴定和科学研究。文物定名是对文物本身所进行的科学研究工作，文物的名称，尤其是通称，一般都有统一的科学规定，定名中不能主观地、随意地、没有根据地下定论，一定要符合科学，遵循一定的科学规定。

(二) 文物登记

登记是开展博物馆文物保管工作的重要一环，是妥善保管和科学管理的关键，是文物管理工作的基础。文物登记是检查文物数量和质量的依据。登记的账册是国家和民族科学文化财产保管的法律依据，是使文物受到国家法律保护的重要依据。

文物的登记是博物馆对入藏的文物、标本等物件进行逐件、逐项记录的工作，是文物管理工作中的一项重要程序，即履行登记的手续。博物馆对入馆的文物必须按照国家文物局关于博物馆文物管理的要求，以登记账册、卡片等形式进行准确的记载。这种记载既是文物管理和文物研究的原始资料，也是博物馆依法保护国家和民族科学文化财产完整与安全的必备依据。文物登记为文物的科学有效管理和深入研究与合理利用奠定工作基础。

对于国有博物馆而言，登记是确定国家文物产权的依据。其次是为国家文化行政管理部门检查博物馆文物保管状况提供必备的业务依据。文物登记又是认识文物的一种重要手段。通过对一件件文物的逐项登记，不仅可以掌握本馆文物的数量，更重要的是对文物有了科学的认识。这为进一步研究和利用文物提供了可靠的业务依据。所以，认真做好文物登记是关系到博物馆开展各项业务工作的一件大事，应当给予高度的重视。

文物登记是一项专业性、技术性、制度性都很强的工作，对这项工作必须给予足够的重视，要有专人专职负责。应该把文物登记、账册管理、统计等有关方面的工作统一规划、合理分工，把文物登记、管理账册与库房文物管理工作分开，以便于各尽其责和分清责任。

二、博物馆文物的库内管理

文物库内管理是指与博物馆文物相关的登记、分类、入库排架、编目、统计、建档、检查和清点。该阶段是文物管理的核心阶段，也是文物管理中的最重要阶段。

（一）文物入库管理

文物的入库管理是指文物征集完成后对文物的鉴定、定名和定级。通过对文物鉴定、定名和定级后可以确定文物在入库后采取何种的管理方式和保存标准。文物征集来后，在入藏前的第一项工作就是进行鉴定，鉴定是博物馆文物研究的首要内容，鉴定的主要任务是辨明文物真伪，考证文物内涵，评定文物价值，且包括文物的定名和定级。

为保障文物的安全和妥善保管，文物入库一定要以入库凭证为依据，办理好交接手续。文物入库是指根据鉴选意见，把经过总账登记的博物馆文物依据分类结果分别入库收藏的工作。文物入库后要确定其存放方位，并按排架结果归入柜架上，不允许堆放在桌子或其他工作台案上，以防发生事故。文物方位确定后，要建文物方位卡，同时编制库房方位索引或绘制库房方位图表，以便于库房保管员能及时、准确地存放和提取文物。

方位卡，也称库藏卡，是由库房保管员填写的文物存放位置的卡片，这种方位卡（库藏卡）只限于库房保管员使用，因方位卡上记有文物存放位置而具有一定保密性，不宜向外界公开。

编制库房方位索引或绘制库房方位图表，就是把各分类库房的具体位置记录或绘制成图表，以利于文物入库工作的顺利进行。

文物入库后还要建立文物库房日志，用来记录库房每天的各项工作情况。

（二）文物的存放排架

文物的存放排架是文物入藏过程中的最后一个步骤，也是文物库房管理工作的开始。排架是库房科学管理、防止混乱的一项关键措施，是有条理地排列并固定文物存放位置，通常称库房存放方位或定位。

文物排架有三个作用：一是便于文物的提取和归还原位；二是便于检查、清点文物；三是有利于文物的安全保护。

文物排架原则是既要便于文物的提取，又要便于文物的安全保护。一般原则是：上轻下重，前低后高，高卧矮立，间隔距离不能过紧，上下不能重叠。

文物排架要注意安全，稳妥存放。柜架要坚硬、结实，有一定承重能力和抗震能力。柜架高度要便于文物的提取。无论使用哪种排架方法，都要把存放位置和柜架号回注在有关资料卡片上，还应该把这些信息储存在电脑里。

（三）文物提用

文物提用是指出于各种需要，从文物库房中提取文物出库的工作，它是发挥文物作用的一项重要工作。

文物提用的原因有多种，如陈列展览，科学研究，鉴定、编目，修复或复制，拍摄照片、摄制影视录像，其他情况下的借用（上级或兄弟单位举办陈列展览时借用）以及观摩等。由此可知，提用的确是充分利用文物、发挥文物作用的一项重要工作。应该创造各种方便条件，以利于文物提用工作。

提用文物，必须经过有关领导批准并填写提用凭证（即出库凭证）。

（四）文物的库房养护

文物的库房养护是指对文物的日常保养和安全管理，文物库房保管的要求：一是要有固定的专用的库房；二是文物库房要设专人管理；三是要建立健全库房保管制度。明确库房保管人员的职责，以便于文物库房保管工作安全顺利地完成。

文物的库房养护策略如下。

第一，库房的环境条件是养护的基础。合适的温度、湿度和光照条件对于文物的保存至关重要。库房应保持稳定的温度和湿度，以防止文物受潮、腐朽或变形。另外，光照也是一个需要注意的因素，应避免直接阳光照射到文物上，以防止褪色和材料老化。

第二，库房内的文物陈列和保管要科学合理。文物应按照分类和特点进行分区存放，并采取适当的包装和支撑手段，以避免碰撞和损坏。同时，要定期检查文物的状态，及时发现问题并采取修复措施。

第三，库房的清洁和防护工作也至关重要。库房应保持干净整洁，避免尘土和异物积聚，以免对文物造成损害。在防护方面，库房要安装防火、防盗等设备，并设立严格的出入库管理制度，确保文物的安全。

第四，库房养护还需要注重人员的专业培训和管理。库房管理员应具备相关的文物保护知识和技能，能够正确操作和维护文物。此外，建立完善的管理制度，确保库房养护工作的规范性和持续性。

总之，文物库房养护工作责任重大，要高度重视，认真做好这一工作，确保文物的安全保管。

三、博物馆文物的编目与建档管理

（一）文物编目

文物编目是博物馆专业工作者对已登记入藏的文物、标本等物件进行最基本的、综合的研究和鉴定，对其外观和实质，以及历史、艺术、科学价值，做出较为科学而详细的记述，编写出目录卡片；并将单个卡片进行综合、专题的科学分类，进一步编制成不同形式的目录。它有两方面的含义：一是对博物馆文物编制目录卡片；二是通过目录卡片编制综合性文物目录或专题性文物目录。

文物编目是博物馆各项业务工作的基础。因为博物馆的陈列展览、科学研究等业务活动都离不开文物，而编目的工作成果——文物编目卡片和文物目录是反映文物情况的基本资料，编目工作的质量对上述诸种业务活动具有决定性作用，它直接影响着博物馆工作的广度和深度，影响着博物馆的社会效益，关系着博物馆的价值。

文物编目是博物馆文物科学管理、科学研究工作中一项关键性的工作。它既是文物深入鉴定研究的过程，也是一定时期研究成果的体现。文物编目为文物的管理和利用提供方便，也有利于文物的安全保护。因为文物是不可再生产的科学文化财富，不可能也不允许经常地大量地提取原件使用，一般只能通过编目卡片的科学记录和描述以及原件照片向使用提供所需的信息。因此，文物编目卡片的编制和使用，有利于文物的永久保存，也方便了人们的利用。

文物编目不仅为陈列展览提供多种资料和方便，还可以为科学研究提供依据和方便。文物编目是以鉴定为首要前提的，因而对经过了鉴定的文物进行编目，所编制的编目卡片完全可以为科学研究提供依据；同时也为进一步对文物进行综合研究和各种专题研究创造了方便条件。

博物馆必须建立文物编目卡片，编目卡片是反映文物情况的基本资料，是文物保管和陈列、研究的基础工作。编目内容包括，编制编目卡片、编制文物目录、编制辅助索引卡等。

编目的形式主要有两种：传统的人工编制和现代的电脑编制。编目的具体要求包括：第一，对于编目中所使用的文字，要求准确、精练、简明、科学合理，使人看到编目卡片就如同看到文物本身一样，一目了然。通过编目卡片，可以直接了解到这件实物的内外含义。第二，要积极借助现代先进的科学技术手段，对文物做认真的科学研究和鉴定，以便为编目提供科学依据。第三，要注意发挥文物的作用。第四，要贯彻"百家争鸣"的方针，并应充分利用社会研究成果，更要集思广益，博采各家意见，通过分析研究择善而从，不可固执一说。

编目既是一项系统整理工作，又是一项科学研究工作。编目卡片和文物目录等，是研究的结果，但不是研究的结束。对文物尤其是文物的研究将是长期的，永无终结的。

（二）文物建档

文物建档就是建立博物馆文物档案的工作。文物建档工作是围绕文物各项业务活动开展的一项重要工作，是编目工作的继续和发展。文物建档主要有三方面任务：一是文物档案的收集；二是文物档案的整理工作；三是编制文物档案册。

博物馆文物档案是指在围绕博物馆文物开展的各项业务活动中形成的，系统、科学地记录文物本身详细情况，具有查考利用和保存价值，并按照一定的档案规则要求立卷归档集中保管起来的各种文书材料（包括文字记录、图表、照片、声像制品等）。

文物档案的内容，一般情况下应包括文物搜集情况记录；文物入馆原始凭证、原始记录；文物流传经过记录；文物入库凭证、鉴定意见记录、定级、分类报告；文物各种卡片、使用记录、修复记录、研究记录、采取保护性措施情况记录、著录文献索引、有关论著的索引或简报以及文物残损情况报告、注销凭证等一切与文物有关的情况记录材料。

国家文物局还统一印制了文物档案册，下发全国各地博物馆，要求各博物馆首先建立起一级品文物档案，然后再逐步展开二、三级文物的建档工作。文物档案册是文物档案中的主要材料。文物档案册的内容包括：封面和首页；搜集经过；铭记、题跋；鉴藏印记；著录及有关资料书目；流传经历；鉴定记录；修复、装裱、复制记录；现状记录；备注；附录；绘图（或拓片）；照片。

博物馆文物档案是掌握文物全部情况的可靠材料，是文物自然面貌与各项业务活动的多角度、全方位的真实、全面的科学记录，是除实物资料外，最重要的文字资料。文物档案可以使国家行政主管部门掌握全国的重点文物和一级品的情况，还可以使各博物馆掌握本馆文物和一级品情况。文物档案体现博物馆文物管理业务人员对文物进行科学管理的水平和深度；同时，文物档案又是一项重要的科研成果。因此，要加强文物档案的管理工作。

四、博物馆文物的注销与统计管理

（一）文物注销

文物注销是指将某件或某批文物从文物保护单位的文物登记册或文物目录中予以删除的行为。文物注销工作是使博物馆财物一致的保证。文物注销并非都是消极的、被动的行为。事实上，除了文物失盗、严重损毁等灾难性原因对文物注销外，其他注销形式几乎都具有积极的建设性意义。如通过调拨，可以扶持一些底子薄、文物少的博物馆或使调入文物的博物馆的文物品类更为齐全；通过馆馆之间交换，有利于博物馆互通有无，以丰补歉，使彼此间的文物都更加丰富、齐全。

（二）文物统计

文物统计是指博物馆在每季度末和年终时，对文物增减数字的整理、计算工作。博物馆文物库房应定期进行清点、核对和统计，做到文物实物、卡片和账册的记载三者完全相符，并做出准确的数字统计，向上级主管部门提交数字报告。

文物统计的作用是：第一，为国家掌握科学文化财产提供准确数字，也是博物馆领导者分析研究指导全馆工作不可缺少的数据；第二，文物统计可以反映出本馆性质、特点，增加的数字可以显示搜集工作成果，弥补馆藏空白；第三，历年文物入馆数字的增加，是博物馆事业发展壮大的标志之一，也是编写博物馆沿革、年鉴不可缺少的数据；第四，使用出库数量的统计，可以反映各类文物的利用率和文物在宣传、教育、科学研究中发挥的作用，进而有计划、有目的地运用文物，为社会服务。

文物统计的内容主要包括：馆藏各类、各级文物的实际库存数，文物增加、减少、流动利用的统计数以及馆内外和国内外展出文物数字统计等。文物统计结果要填入各类统计表格中，文物统计表的种类和格式，基本可以分为六种：第一，文物增减数量统计表；第二，历年增减数量统计表；第三，一级文物升降级统计表；第四，文物使用出库数量统计表；第五，年度文物来源增减表；第六，季度文物增减提用动态表。无论哪种统计表，其格式设计都应符合国家文物局颁发的规定，其栏目内容应以能反映各类统计所希望达到的预期目的为原则。

五、博物馆文物的备案管理

（一）文物备案的意义及要求

文物备案是国有博物馆文物档案的建档部门将已经整理归卷的各种档案卷宗和涉及文物出库、出境等工作内容的相关文件材料，依照相关要求向上一级行政管理机构报送存档备查的工作过程。

文物备案是国家对各级国有博物馆的文物实行宏观管理的手段之一，是摸清我国博物馆文物家底、全面掌握文物完整信息的必要手段；也是切实履行法律责任、加强国有文物监管、健全国家文物保护体系的基本要求。在特殊极端情况下（如自然灾害、盗窃、战争等原因导致文物遭到损坏、遗失），可为文物、维修、追索等提供可靠依据。

文物备案的具体要求如下。

第一，博物馆必须区分文物等级，设置文物档案，建立严格的管理制度，并报主管的文物行政部门备案。

第二，文物收藏单位应当根据馆藏文物的保护需要，按照国家有关规定建立健全管理制度，并报主管的文物行政部门备案。

第三，国有文物收藏单位之间因举办展览、科学研究等须借用馆藏文物的，应当报主管的文物行政部门备案；借用馆藏一级文物的，应同时报国务院文物行政部门备案。

第四，已经建立馆藏文物档案的国有文物收藏单位，经省、自治区、直辖市人民政府文物行政部门批准，并报国务院文物行政部门备案，其馆藏文物可以在国有文物收藏单位之间交换。

第五，县级人民政府文物行政主管部门应当将本行政区域内的馆藏文物档案，按照行政隶属关系报设区的市、自治州级人民政府文物行政主管部门或者省、自治区、直辖市人民政府文物行政主管部门备案；设区的市、自治州级人民政府文物行政主管部门应当将本行政区域内的馆藏文物档案，报省、自治区、直辖市人民政府文物行政主管部门备案；省、自治区、直辖市人民政府文物行政主管部门应当将本行政区域内的一级文物档案，报国务院文物行政主管部门备案。

第六，国家机关和国有的企业、事业组织等收藏、保管国有文物的，应当履行的义务是建立文物档案制度，并将文物档案报所在地省、自治区、直辖市人民政府文物行政主管部门备案。

第七，博物馆文物的收藏、保护、研究、展示等，应当依法建立健全相关规章制度，并报所在地市（县）级文物行政部门备案。

第八，博物馆应建立文物总账、分类账及每件文物的档案，并依法办理备案手续。

第九，国有博物馆应当建立退出馆藏物品专项档案，并报省级文物行政部门备案。专项档案应当保存75年以上。

第十，非国有博物馆申请文物退出馆藏，申请材料应附理事会、董事会或其他形式决策机构的书面意见。博物馆所在地省级文物行政部门应当在收到申请材料的30个工作日内做出是否允许退出馆藏的决定，并报国务院文物行政部门备案。

(二) 文物备案的方式

第一，逐级备案制。逐级备案制是指各级各类博物馆逐级向上级主管的文物行政部门或行业主管部门进行的备案。实行逐级备案可以保障各级博物馆主管部门都拥有各自所辖行政区域内的博物馆文物档案。一套完整的博物馆文物建档备案工作体系的建立，将有利于大幅度推动我国文物建档、备案工作的健康发展。

第二，"双轨制"备案。"双轨制"备案就是实行纸质档案和电子档案同时科学备案的管理模式。电子档案只是科学管理的一种手段，以电子格式和纸质档案同时归档的"双轨制"是较为科学的管理模式。

六、博物馆文物的馆藏动态管理

博物馆文物的馆藏动态管理是指有关文物的保护管理、整理研究、展览陈列和提供使用等工作，文物管理人员不必深入库房，可以利用现代信息技术，通过计算机对文物的保管、使用和研究等状况进行远距离的实时动态的管理。文物管理人员的基本工作内容就是对文物的保护、管理和研究。文物的馆藏动态管理模式在博物馆信息化的基础上，充分利用物联网技术，实现了在不进入库房、不接触文物的条件下，对文物的年代、质地、完残、存放位置、使用状况等各项信息一目了然，同时能够对文物的保存环境进行实时监测，这不仅能够将管理人员从文物管理琐碎繁重的工作中解脱出来，还能够提高文物管理效率，保障文物安全。

文物的馆藏动态管理是以物联网技术为支撑，以文物信息资源的开发利用为重点，以保障文物安全为核心，在节省人力物力的基础上，增强管理效率为目的的新型文物管理理念，是博物馆信息化现代化的重要体现。在博物馆信息化的要求下，推动文物信息化，文物的信息化又为实现文物的动态化管理提供了便利条件。文物的馆藏动态管理的根本目的是在节省人力资源的基础上，通过运用现代信息技术，提高博物馆文物的保护、管理和使用效率。

（一）文物的馆藏动态管理的技术条件

博物馆文物的馆藏动态管理技术条件包括以下八个方面。

第一，文物登记和标识技术。博物馆需要建立文物登记系统，对每件文物进行详细的登记，包括文物名称、类别、年代、来源、尺寸、材质等信息，并为每件文物分配唯一的标识编号，以方便管理和追踪。

第二，数据管理和数据库技术。博物馆需要建立一个文物数据库，将文物的登记信息、图像、文物鉴定、修复等相关数据进行整合和管理。数据库应具备良好的数据结构和数据查询功能，以支持文物的查询、统计和报告生成。

第三，文物信息采集技术。博物馆可以利用现代科技手段，如数字摄影、扫描技术、三维重建等，对文物进行高精度的图像采集和数据采集，以保留文物的真实信息，并为研究和展示提供支持。

第四，文物保管环境监测技术。博物馆需要监测文物存放环境的温度、湿度、光照等因素，以确保文物得到适宜的保护。可以利用环境监测仪器和传感器对环境参数进行实时监测，并通过数据记录和报警系统进行管理。

第五，文物安全监控技术。为了确保文物的安全，博物馆需要安装监控系统，包括视频监控、入侵报警、火灾报警等设备，以及相关的监控管理软件，对文物的存放区域进行实时监控和管理。

第六，文物移动和搬运技术。博物馆需要具备文物移动和搬运的专业技术，包括使用吊车、保护垫、箱子等工具和设备，确保文物在搬运过程中不受损。

第七，文物展示和展览技术。博物馆需要具备文物展示和展览的技术条件，包括展柜设计、展览布置、灯光设计等，以展示文物的美学价值和历史文化内涵。

第八，文物修复和保护技术。博物馆需要有专业的文物修复和保护人员，具备文物修复和保护的相关技术，包括文物材料分析、修复工艺等，以保护文物的完整性和可持续性。

总之，这些技术条件对于博物馆文物的馆藏动态管理至关重要，可以帮助博物馆实现对文物的科学管理、有效保护和精确追踪。

（二）文物的馆藏动态管理的工作内容

博物馆文物的馆藏动态管理的目的就是利用物联网技术，实现对文物实时、动态的管理，而实现这一目的就需要完成以下四方面的工作。

1. 文物档案数据库的建设

文物的馆藏动态管理的核心是信息资源，通过对文物各种信息的搜集建立文物档案数据库，利用动态管理系统加以整合，为文物管理人员提供管理决策的信息。文物的信息采集是进行文物的馆藏动态管理的基础性工作，这些信息应是以文字、图片、视频等多媒体信息反映文物的实际状况。在采集文物信息中应该注意的是，由于事物是不断变化发展的，文物的信息也是处于不断的变化过程中，因此对文物信息的采集要注意信息的有效性。文物信息数据库的建设是实施文物的馆藏动态管理至关重要的一步，只有做好这一步的工作，才能保证动态化管理的有效性。

2. 动态化管理系统

动态化管理系统是在文物档案数据库的基础上，结合物联网技术而开发出来的、对文物进行实时动态管理的系统。它包含两个部分：软件设计和硬件架设，软件设计就是动态化管理系统的操作界面设计，硬件架设主要是在库房内进行，通过对库房架设无线网络、对文物分配不同的电子标签等工作实现对文物的实时监测。该系统会改变博物馆文物管理上各自为政的局面，如库房的安保系统、环境监测系统等，都是文物的馆藏动态管理系统的一部分。博物馆为充分保障文物的信息资源安全，文物的馆藏动态管理系统必须设立多重层次、多种手段的安全措施。

3. 管理组织结构的创新

文物的馆藏动态管理是一个系统工程，它不仅是技术创新，而且更代表着一种先进的开放的文物管理理念。不能简单地认为文物的馆藏动态管理是在原有组织结构下进行的计算机化和网络化。组织创新是管理创新的基础，所以博物馆在文物的馆藏动态管理建设过程中，必须根据动态管理的要求对组织结构进行重新设计，使其符合要求。

4. 新技术手段的应用

由于物联网技术的成熟与发展，使得博物馆文物的馆藏动态管理由理念走向现实。物联网是以感知为核心的物物互联的综合信息系统，是继计算机、互联网之后信息产业的第三次浪潮。在此次信息产业浪潮中，博物馆为推动博物馆事业的不断向前发展，充分把握机遇，在文物管理中运用新技术，使得博物馆文物管理事业出现跨越式的发展。博物馆文物的馆藏动态管理就是新技术手段应用的成果。科技是不断进步发展的，在未来的日子里，为了保证文物管理事业的蓬勃发展，文物管理人时刻关注新技术的产生与应用，在条件成熟之时，将其应用于文物管理之中。

（三）博物馆文物的馆藏动态管理优化策略

博物馆文物的馆藏动态管理是确保文物保护、研究和展示的重要方面。随着博物馆藏品数量的增加和社会需求的不断变化，优化馆藏动态管理策略变得尤为关键。

第一，博物馆可以采用先进的信息技术系统来改进馆藏动态管理。建立一个完善的数字化管理系统，可以帮助博物馆对馆藏文物进行全面的记录、分类和监测。通过使用先进的数据库和图像处理技术，博物馆可以更好地管理馆藏文物的变动情况，包括文物的出借、归还和修复等过程。此外，博物馆还可以借助云计算和大数据分析等技术手段，深入挖掘馆藏文物的内在价值和关联性，以优化馆藏动态管理决策。

第二，加强博物馆的合作与交流也是优化馆藏动态管理的重要策略之一。博物馆可以与其他博物馆、文化机构、学术界和社区建立广泛的合作关系，共享资源和经验。通过开展联合展览、文物交流和研究项目，博物馆可以增加馆藏文物的曝光度和影响力，同时也能够获取更多的外部支持和专业知识。此外，博物馆还可以与社区和公众建立更加密切的联系，了解他们的需求和期望，从而更好地调整馆藏动态管理策略。

第三，加强文物保护和修复工作也是优化馆藏动态管理的重要方面。博物馆应该建立健全的文物保护体系，包括科学的文物保存和修复技术、规范的文物运输和展示标准，以及严格的安全措施。通过提升文物保护和修复水平，博物馆可以更好地保护馆藏文物的完整性和可持续性，从而减少损失和破坏的发生。

第四，加强博物馆人员的专业培训和学术研究也是优化馆藏动态管理的关键。博物馆应该提供全面的培训计划，培养和提升员工的专业能力和知识水平。此外，博物馆还应该鼓励员工参与学术研究和学术交流活动，积极开展科学研究和创新项目。通过不断提高员工的专业素质和学术水平，博物馆可以更好地应对馆藏文物管理中的各种挑战和问题。

第四章 博物馆文物的展示与陈列研究

第一节 博物馆文物展示与陈列的支撑条件

博物馆文物展示与陈列的支撑条件是多方面的，包括以下五个方面。

第一，博物馆文物展示与陈列的支撑条件之一是文物保护和鉴定的专业知识与技术。博物馆的文物收藏涉及广泛的历史、艺术、考古、科学等领域，因此，博物馆需要拥有专业的鉴定和保护人员，具备系统的专业知识和技能，能够正确地判断文物的真伪、时代和价值，以及制定合理的保护措施和方法。

第二，展示与陈列需要合适的展示与陈列空间和设施。博物馆需要拥有足够的展示与陈列空间，以便恰当地展示与陈列文物。展示与陈列空间应当具备良好的照明、温湿度控制、安全防护等条件，以确保文物得到适当的展示与陈列和保护。此外，展示与陈列的场景设计也需要考虑观众的体验，通过展示与陈列设计的巧妙安排和创意呈现，增强文物展示的吸引力和教育性。

第三，博物馆文物展示与陈列的支撑条件还包括科学的展示设计和陈列手法。展示设计是一项复杂的工作，需要考虑文物的内涵、展示的主题和观众的需求。博物馆展示设计人员需要从众多文物中挑选合适的展品，进行分类和组织，设计合理的陈列方式，以便让观众能够理解和欣赏文物的历史、文化和艺术价值。

第四，有效的信息传达和解释是博物馆文物展示与陈列的又一个重要支撑条件。博物馆应当提供清晰、准确的展示标签和文字解释，帮助观众理解文物的背景、含义和历史。此外，利用现代科技手段，如多媒体、虚拟现实等，可以为观众提供更丰富、互动的展示方式，增强观众的参与感和学习体验。

第五，博物馆文物展示与陈列的支撑条件还包括合理的管理与运营机制。博物馆需要具备健全的管理制度，包括文物收藏、保管、保护和展示与陈列等方面的规范和程序。同时，博物馆还需要有专业的人员组成的团队，能够高效地完成展示与陈列的组织和管理工作。此外，博物馆的运营还需要充足的资金支持和合理的运营模式，以确保展示与陈列和陈列的可持续发展。

总之，博物馆文物展示与陈列的支撑条件包括文物保护与鉴定的专业知识与技术、合适的展示与陈列空间和设施、科学的策展与陈列手法、有效的信息传达和解释，以及合理的管理与运营机制。这些条件的综合应用可以确保博物馆的文物展示和陈列具备良好的质量和教育意义，让观众获得丰富的艺术、历史和文化体验。

第二节 博物馆文物展示与陈列的组织原则

博物馆文物展示与陈列的组织原则是指在展示和陈列博物馆文物时，遵循的一系列学术化的规则和原则。这些原则旨在有效地展示文物的内涵、价值和历史意义，同时提供给观众一个有意义、丰富的参观体验。下面将详细介绍一些主要的组织原则。

第一，博物馆的展示与陈列应当遵循历史和学术研究的准确性。这意味着在展示文物时，应当根据严谨的研究成果和历史背景，对文物进行准确的分类、解读和解释。展示应当避免主观臆断和误导，而是依据科学和学术研究的结论进行陈述。

第二，组织原则还包括整体性和逻辑性。展示与陈列应当根据特定的主题或历史背景进行组织，以确保观众能够获得一个完整、连贯的展示体验。文物之间的关联和联系应当清晰地呈现，以便观众能够理解它们之间的关系，形成对历史和文化发展的整体认识。

第三，博物馆的展示与陈列应当注重故事性和互动性。文物不仅仅是静态的展示对象，而是具有独特的历史背景和故事。通过巧妙的展示手法和叙事方式，可以将文物融入一个引人入胜的故事情节中，吸引观众的兴趣和注意力。同时，通过互动展示形式，观众可以参与其中，更加深入地了解文物的内涵和历史背景。

第四，组织原则还包括多样性和包容性。博物馆的展示与陈列应当充分考虑不同观众群体的需求和兴趣。展示内容和形式应当具有多样性，以满足不同观众的欣赏和学习需求。同时，应当关注文化多样性，展示不同文化背景和历史传统的文物，以促进跨文化的理解和对话。

第五，组织原则还强调博物馆的可持续性。展示和陈列应当考虑保护文物的需要，确保文物得到适当的保存和保护。使用的展示材料和技术应当符合保护文物的要求，避免对文物造成损害。此外，展示与陈列应当考虑环境保护和可持续发展的原则，减少对自然资源的消耗和对环境的负面影响。

总之，博物馆文物展示与陈列的组织原则涵盖了准确性、整体性、故事性、互动性、多样性、包容性和可持续性等方面。这些原则的遵循和应用，有助于博物馆有效地展示和陈列文物，提供给观众一个富有意义和有益于学习的参观体验。

第三节 博物馆文物展示与陈列的工作程序

博物馆文物展示与陈列的目的包括：教育与知识传递、保护与鉴赏、研究与学术交流、观众互动与参与、文化交流与理解。展示与陈列文物能让观众学习历史、文化、科学等知识，增进对历史和文化的理解。同时保护文物免受损坏和衰老，观众欣赏和鉴赏文物的美丽和历史价值。文物也是学术研究的资源，促进学术交流和合作。通过互动和参与方式吸引观众兴趣，提供丰富展示与陈列体验。促进文化交流和理解，增进对不同文化的尊重和包容。总体而言，博物馆文物展示与陈列文物的目的在于传递知识，保护文化遗产，促进学术研究和提供观展体验，促进教育、文化交流和人类文明的发展。总之，博物馆文物展示与陈列工作程序的重要性与意义在于保护与保存文物、教育与传播知识、提供观赏体验与互动，以及促进研究与学术价值的发挥。这些程序不仅满足观众的审美需求和知识需求，还有助于推动文化遗产的保护和传承。

一、明确文物展示与陈列的目标

展示与陈列的传播目的[①]是展示与陈列的灵魂，是贯穿展示与陈列建设始终的基本指导思想，是博物馆文物展示与陈列策划、设计和表现的出发点和归宿，它贯穿于展示与陈列策划设计和表现的全过程。传播目的不仅是展示与陈列内容策划的指导原则，而且也是展示与陈列形式表现的指导原则，展示与陈列内容的选择、取舍、编排和展示与陈列结构的安排都必须服从和服务于展示与陈列的传播目的，展示与陈列形式表现手段的选择、辅助展品的创作、展品的组合、信息的组团、展项的系统组织等也都必须服从和服务于展示与陈列的传播目的。

展示与陈列的传播目的不仅是博物馆为展示与陈列设定的目标和方向，也是判断展示与陈列成效的依据。当判断展示与陈列策划的质量时，我们会考察它的传播目的的设定是

---

① 展示与陈列的"传播目的"是指展示与陈列的宗旨，或展示与陈列教育、传播要达到的目的，它们或是教育的，或是政治的，或是宣传的，或是文化的，或是商业的，等等。

否中肯准确；当判断设计方案时，我们会考察它是否忠实地表达了传播目的；当开展展示与陈列评估时，我们会考察展示与陈列是否有效地实现了传播目的。可以说，有了传播目的，我们的各项工作就有了统一的目标和标准。从受众的角度看，由于具有明确的传播目的，展示与陈列所欲传播的信息将以一种清晰与自觉的方式组织起来，展示与陈列的各项目也以一种有序的方式得到整合，从而增加观众对展示与陈列的理解。同时，通过比较展示与陈列的传播目的与观众实际获得的印象和信息，我们才能对观众的实际受益情况、对展示与陈列的传播效应，形成中肯的判断。展示与陈列传播目的的定位会从根本上影响展示与陈列的传播方向和效益，因此，展示与陈列传播目的的准确定位十分重要。

（一）提高资源利用率

文物展品化的其中一个目标就是提高文物资源的利用率。我国博物馆内文物资源十分丰富，但博物馆内文物资源利用的现状却不容乐观，因此要想更好地使文物转化为展品，提高博物馆文物资源利用率，可以采取以下的途径。

第一，博物馆举行主题多样的展示与陈列，变通巧妙地运用文物，展示与陈列能够给观众接触真实的文物的可能性，以传达文物信息为目标，为了优化利用文物博物馆可以举办题材丰富的展示与陈列，通过对文物资源的深入发掘和文物信息的有效研究，为展示与陈列提供更多的可能性。

第二，博物馆利用其文物进行科学研究工作，可以更深入地发掘文物背后的内涵，囊括了举足轻重的现实意义，科学研究工作的有效开展是提高文物利用率的关键前提，文物能得到更广泛的利用也会反过来促进科学研究工作的开展，科学研究作为博物馆的一项主要职能，它随着近代科学的诞生而不断发展，加强文物的科学研究工作还有利于更好地进行文物管理，以便日后调用，同时对于一些不适合展示与陈列的文物可以在库房进行科学研究，将材料整理出来以便应用也可以避免文物资源的浪费，防止文物被束之高阁。

第三，博物馆利用文物进行"馆校合作"，与学校教育联合。博物馆教育有着学校教育"第二课堂"的美誉，因此博物馆可以与学校展开互动，使其文物资源的利用达到效益最大化，例如在博物馆中组织中小学生开展主题教育活动，将文物相关内容应用到教学上，开展丰富的教学内容，组织学生参观展示与陈列，定期开展研究学习性质的讲座等，这些都可以推动博物馆的文物资源在学校教育中更好地发挥作用。

第四，博物馆文物相关衍生内容的良好开发，包括出版物、数字文物等，这就是将文物本身包含的信息物化出来，通过其他载体来表现。例如，故宫1983年成立故宫出版社，出版内容包括多个丛书系列，其中有文物的主要门类图录、紫禁书系等，文物资源数字化的出现也是提高文物利用率的一个好方法,将文物的数据资源采集后,通过信息化的手段,可以让公众足不出户,在电脑、手机上就能欣赏文物和展示与陈列,博物馆的这种相关数字化手段可以使相当大比例的文物向公众开放,使观众可以不受时间及空间的限制就能观赏到文物的庐山真面目。

（二）促进文物社会化

文物展品化的另一个目标就是可以促进文物社会化,推动文物展品化可以使博物馆展品更广泛地被社会大众所接触,使这些文物资源更好地服务社会,这是由博物馆的"非营利性社会服务机构"性质所决定的,作为面向社会、服务公众的这样一种机构,实现更广泛的社会化是博物馆自身功能的内在要求,为了促进文物社会化,博物馆可以将保藏文物的库房当作"仓库展厅"。

适时适量地向公众开放,设立文物库房开放日这样类似的活动,南京博物院、广西民族博物馆曾经都举办过这样的展示与陈列,取得了可观的成效,激发了观众参观的兴趣,引起了社会上广泛的重视,同时,也可以使博物馆获得更多的社会资源,可以获得社会上更多的支持和关注。随着博物馆文物资源的社会化,可以使其受到社会上更广泛的关注,有着更大的影响力和话语权,这样可以使博物馆收获更多的人力、财力、物力,更好地将这些资源应用到促进博物馆发展的方方面面,征集到更多更好的文物、提高文物保护技术、改善文物保藏环境和观众参观环境等。为了促进文物社会化,博物馆可以在调查观众喜好的基础上,将观众喜好与博物馆相关的文物进行匹配,设立会员制度,定期举行相关的文物知识讲座、文物鉴赏活动以及相关的论坛活动等。

（三）阐释传播目的

为了阐释传播目的,博物馆需要展示与陈列策划人根据展示与陈列的传播目的,在对展品形象资料和学术资料进行分析研究的基础上,将其转化为大众传播的文化产品,旨在与观众进行观点和思想、知识和信息、价值和感觉的沟通,满足观众的欣赏和知识需求。根据观众的体验需求,博物馆文物展示与陈列可以将阐释类型大致分为以下四种模式。

第一,审美型阐释。审美型阐释模式主要用于艺术品展示,阐释方法遵从就简原则,即尽量减少其他辅助信息,使观众将注意力集中于展品本身。每件艺术品的说明都有严格规定,为观众提供的信息仅有标题、作者、创作日期、材质、捐赠者等最基本的信息,目的就在于减少信息干扰。

第二,解析型阐释。解析型阐释模式主要用于对展品相关的历史文化背景或自然环境的阐释，包括这件展品的构造、用途、空间位置和其他相关的文化的、技术和自然的意义，还包括与之相关物品之间的关系等。通过一定的历史或自然环境的重构、说明、图示和展品标签等信息载体向观众解释展品背后的故事和展品之间的关系。不仅让观众了解展品背后的文化或自然意义，而且更重要的是要让观众在众多的展品之间找到其相关性。

第三，探索型阐释。探索型阐释的最大特点是无序性与自由性，鼓励观众自己去探索，去发现。当然，博物馆可以帮助观众根据自身兴趣，打造别具特色的探索之旅。这种模式主要建立在观众对展品相关信息有一定了解的基础之上。通过启发、吸引和鼓励，激发观众探索和发现的欲望，鼓励观众动手触摸、观察、操作，体验人文历史、传统技艺、生活形态、自然现象、科学原理。这种展示阐释模式往往通过展示现象—发现问题—引起思考—探索揭秘四个步骤来实现。探索型阐释能让参观者从被动的信息接收者转向主动探索者，激发观众的主观能动性，使他们体验探索的快乐。

第四，交流型阐释。交流型阐释是最有效的博物馆文物展示与陈列阐释模式。除了传统意义上的交互式展示外，现代博物馆文物展示与陈列最注重的核心问题是人与人之间的交流。这种交流绝不仅限于观众与导览人员之间的对话。博物馆致力于搭建一个更为广泛的交流平台，包括观众与专家学者之间的交流、观众与策划人员之间的交流、观众之间的相互交流。通过将示范表演、专家对话、口述历史、视频采访等融入展示与陈列活动中，可以轻松实现上述几种交流。通过广泛的人际交流，观众不仅能以一种更具亲和力的途径把握展示与陈列主题信息，还能在交流过程中对相关问题进行更加深入的思考，从而实现知识和思想感情的升华，对展示与陈列留下深刻的印象。

在博物馆文物展示与陈列阐释中，具体采用哪种展示阐释模式，要视展示与陈列的具体内容而定，不同的内容要选择不同的展示阐释模式。

二、整理展示与陈列主题相关资料

（一）整理学术研究资料

学术研究资料包括与展示与陈列主题有关的学说理论、研究成果、历史文献资料、档案资料、口碑和调查资料等。这不仅是博物馆文物展示与陈列的学术基础，也是展示与陈列内容文本策划的重要学术依据。学术研究成果对博物馆文物展示与陈列之所以重要，原因如下。

第一，博物馆文物展示与陈列不同于商业展示与陈列，它是文化知识传播媒体，旨在向观众传播文化、知识、艺术、观念和思想。因此，它所反映的内容都必须是建立在客观、真实的学术研究的基础上的。

第二,博物馆文物展示与陈列中提出或反映的概念、观点、思想和展示与陈列主题的提炼都是建立在学术研究成果基础上的。学术研究资料能起到深化和揭示展示与陈列主题的重要作用。

第三,学术研究成果也是辅助展品创作的依据。展示与陈列固然是以实物为主角的,但也要依据学术研究成果有依据地制作科学的或艺术的辅助展品。

(二) 较完整实物展品的筛选

实物展品包括文物标本、史迹及其声像资料和图片资料。文物标本和史迹资料应该整理分类,并研究清楚每件文物标本和每处史迹的时代背景与文化或自然意义等。

博物馆文物展示与陈列信息的传播主要是依靠实物媒介来进行的,通过实物揭示事物的本质,体现展示与陈列的主题思想,实物是展示与陈列的"主角"。实物展品的丰富程度和质量高低直接影响展示与陈列传播的效果和质量。一般来说,实物展品越丰富越好,实物展品丰富,可供挑选的余地就大,就能选出最能揭示主题、最具典型性、最有外在表现力的实物作展品,从而更好地实现展示与陈列传播的目的。

根据不同展示与陈列需求,划分博物馆文物。

1. 依据文物展示与陈列展出的时间长短划分

按照展示与陈列展出的时间长短分,博物馆有两类展示与陈列。

(1) 长期展出的体量较大的基本陈列,即常设展示与陈列,其展示与陈列主题、内容、展品和展示体系一般比较稳定。基本陈列往往反映了博物馆的性质和任务,也是博物馆收藏和研究水平的体现。

(2) 小型多样的、短期展出的、常换常新的临时展示与陈列,又称特展。临时展示与陈列一般历时几个月至一年。临时展示与陈列是博物馆文物展示与陈列的重要组成部分,在博物馆文物展示与陈列教育中扮演重要的角色。

2. 依据展示与陈列的内容属性划分

从世界范围看,博物馆种类丰富多样。按照国际博物馆协会对博物馆所下的定义,除了历史、艺术、自然、科学、人物等大类博物馆外,水族馆、动物园、植物园也属于博物馆。不同种类的博物馆往往有不同的展示与陈列,博物馆种类的多样性决定了其展示内容的多样性。虽然博物馆的展示与陈列多种多样,但从博物馆文物展示与陈列的性质看,常见的展示与陈列主要有:艺术类展示与陈列、历史类展示与陈列、人物类展示与陈列、科技类展示与陈列、自然历史类展示与陈列等。

3. 依据展示与陈列的传播目的和构造划分

虽然博物馆文物展示与陈列多种多样，但按照展示与陈列的传播目的和构造分类，博物馆文物展示与陈列不外乎两类。

（1）以审美为诉求的文物艺术品或自然造型物品展示与陈列，即审美型展示与陈列[①]。审美型展示与陈列在展示方式上一般采用美学价值展示法，即强调突出文物艺术品或自然造型物品本身的展示，强调展示展品的美学价值，关注的焦点是展品的外貌——造型美、装饰美、色彩美、质感美，旨在给人美的享受，进行美学教育。

（2）有明确主题贯穿的、以思想观点和知识信息传播为诉求的叙事性展示与陈列[②]。这类展示与陈列往往有明确的主题思想统领，有严密的内容逻辑结构和结构层次安排。一般要有故事线或剧本策划来发展主题，并且剧本要强调故事意识流，根据故事意识流选择和组织相互关联的展品，强调展示元素（实物、图文版和辅助展品）之间的联系。叙事性展示与陈列不同于单独物品呈现的审美型展示与陈列，其最佳的表现方式是讲故事。在这类展示与陈列中，实物展品成为故事的"主角""诉说者"或"物证"。为了有效地阐释展示与陈列的主题和内容，除了实物展品和图文版面外，往往采用大量二维或三维的辅助艺术品、数字媒体和科技装置，并强调四者的信息组团，相互映衬，共同说明一个故事，这个故事可能是人物的、事件的、地方历史的、行业历史的、自然生态的、科技知识的等。对叙事性展示与陈列来说，展示与陈列剧本策划至关重要。

（三）博物馆文物展示与陈列展示素材选择与组团

展示与陈列与写书不同，它依赖展示素材表现和叙事，展示素材是博物馆文物展示与陈列特有的表达语言。欲使展示与陈列达到有效传播信息和内容的目的，必须选择好展示与陈列的素材，并对展示素材进行合理巧妙的组织和安排。

1. 博物馆文物展示与陈列的素材选择

展示与陈列内容的表现和信息的传达需要生动形象的展示素材的支撑，展示素材不仅包括文物标本、图片声像资料，还包括用于创作辅助展品的故事情节资料。好的展示素材能够生动形象地表现展示与陈列的内容，揭示展示与陈列的主题。因此，要认真研究和选

[①] 审美型展示与陈列，以文物艺术品展示与陈列为例，这类展示与陈列强调艺术品本身美的呈现，每件展品（文物艺术品）都"讲述自己的特点和故事"。

[②] 叙事性展示与陈列，是以讲故事的方式表达展示意图、达成教育目的。它们讲述一段历史或故事、一个人物或事件、一种自然现象或科学原理等，观众被引导跟随展示与陈列所展开的故事观展。

择展示素材。一般来说，那些"见人见物见精神"的素材，那些具有代表性、通俗性、故事性和情节性的素材，往往最能表现展示与陈列的内容，最能打动观众。

2. 博物馆研究展示的素材组团

要有效地传播展示与陈列的内容，除了要选择好的展示素材外，还要巧妙地对这些素材进行组织。展示与陈列要清楚地传播信息，关键要在展示素材的信息组团上下功夫。展示素材的信息组团越科学、越巧妙，就越能有效传播展示与陈列的信息；反之，将影响展示与陈列信息的传播，甚至出现错误的信息传播。

展示素材的信息组团类似电影的一个个分镜头。博物馆文物展示与陈列一般有四类信息载体，即图文看板、文物标本、作为辅助展品的二维或三维的造型艺术和信息装置。它们之间必须是相互关联和呼应的，共同表现一个展示与陈列内容或揭示一个展示与陈列主题。

三、提炼演绎展示与陈列主题及结构

（一）提炼展示与陈列主题

主题是展示与陈列的核心，贯穿于展示与陈列的全过程。主题提炼的任务是在研究大量与选题有关的学术资料和文物资料的基础上，进行从现象到本质、从事实到概念、从具体到一般的高度概括、抽象和升华，进而从教育学和传播学的角度，提炼出一个能统领整个展示与陈列的、个性鲜明的、具有高度思想性的展示与陈列主题。主题立意的高度和深度直接关系到展示与陈列传播的思想水准。展示与陈列主题提炼愈充分，立意就愈高，展示与陈列的意义、思想性和教育性就愈强。展示与陈列切忌平铺直叙，就事论事。

主题提炼的结果往往反映在展示与陈列标题（名称）上，标题是展示与陈列主题的集中表现，被誉为展示与陈列的"眼睛"。展示与陈列标题不仅要做到高度概括和形象点题，更要给观众强烈的第一印象，一个展示与陈列能否吸引观众，标题往往起着关键性的作用。

（二）演绎展示与陈列主题结构

展示与陈列主题结构[①]的逻辑清晰度直接关系到观众对展示与陈列内容的认知与感

---

① 展示与陈列内容主题结构是指依据展示与陈列传播目的和展示与陈列主题对展示与陈列内容逻辑结构的合理安排，类似一本书的目录框架。

受，关系到展示与陈列信息传播的效果。科学合理地安排展示与陈列主题基本结构，对有效传达展示与陈列的信息，对观众参观并接受知识和信息十分重要。

一般展示与陈列主题结构分为部分、单元、组和展品四个层次，结构层次要脉络清晰，各层次之间逻辑性和连贯性要强，下一级必须服从和服务上一级，紧扣上一级的主题，是对上一级的具体化。

(三) 研究和规划展示与陈列重点和亮点

第一，重点展示突出主题和核心价值。博物馆展示应该以明确的主题为基础，展现特定历史时期、文化现象或主题背后的重要价值观。通过精心策划和选取展品，展示主题的各个方面，博物馆可以向观众传递深刻的思想和文化内涵。

第二，亮点陈列通过创新手段吸引观众。现代科技的应用给博物馆文物展示与陈列带来了更多可能性。利用虚拟现实、增强现实和交互式展示等技术，可以增强观众的参与感和互动性，使其身临其境地体验历史和文化。此外，多媒体展示、立体影像和声音设计等也能够给观众带来视听上的冲击和享受。

第三，注重故事性和情感共鸣。一个好的展示应该能够讲好一个故事，通过展品的选择和组织，将历史和文化转化为观众可以理解和产生共鸣的情感体验。通过情感共鸣，观众可以更加深入地理解和关注展品所传递的信息和意义。

第四，注重多样性和包容性。在博物馆文物展示与陈列中，应该充分考虑多元文化的体现和包容性的原则。展示不同文化、不同群体的历史和艺术作品，能够为观众提供更加多元化和全面的视野，促进文化的交流和理解。

总之，博物馆文物展示与陈列的重点和亮点研究与规划，需要考虑主题突出、创新亮点、故事性和情感共鸣以及多样性和包容性等方面。通过合理规划和设计，博物馆可以为观众提供丰富多彩的展览体验，实现文化的传承与交流。

四、编写展示与陈列内容文本

(一) 展示与陈列内容文本的要求

第一，展示与陈列内容文本要明确展示与陈列的传播目的。展示与陈列内容文本必须明确展示与陈列传播的目的和宗旨。如果展示与陈列内容文本不能对形式设计者阐述清楚展示与陈列传播的目的和宗旨，那么形式设计者在从事展示与陈列形式设计时，就难以准确把握展示与陈列设计的基本指导思想。

第二，展示与陈列内容文本结构要逻辑清晰。展示与陈列内容文本必须明确展示与陈列传播的基本内容，并将这些基本内容按照清晰的逻辑结构进行编排。展示与陈列基本内容的逻辑结构关乎受众参观认知的效果，清晰的内容逻辑结构能起到纲举目张的作用。

第三，展示与陈列内容文本要对传达的信息做出清晰的层次划分。为了满足不同观众的不同信息需求，展示与陈列除了要信息丰富完整外，处理好信息层次也很重要，即哪些是满足普通观众需要的信息，哪些是满足专业观众需要的信息，哪些作为显性信息处理，哪些作为隐性信息处理，做到主次分明。如果展示与陈列内容文本对此不做处理，就容易导致展示与陈列信息的混乱。

第四，展示与陈列内容文本要提示展示与陈列各部分或单元的重点和亮点。展示与陈列不宜平铺直叙，一个成功的展示与陈列离不开重点和亮点的支撑。

第五，展示与陈列内容文本要对展示素材进行巧妙的组团。必须点明实物和辅助展品的组合关系及其传达的意义，即一组展品——实物展品和辅助展品是如何组合的？共同要传达什么意义？谁是主角？谁是配角？谁做背景用？如果内容文本不做这样的提示，形式设计者不仅难以准确地把握和表现展品组合欲传达的意义，而且容易导致信息传播的错误。

第六，展示与陈列内容文本必须清楚说明辅助展品的传播目的并提供创作背景和学术支撑。在博物馆文物展示与陈列中，无论是科学辅助展品（图表、地图、模型和沙盘等），还是艺术辅助展品（绘画、雕塑、场景）的创作，除了要明确传播目的外，还必须有严谨的学术支撑。展示与陈列内容文本必须提供创作辅助展品的学术依据和背景说明，这样才能保证辅助展品设计和制作的科学性和艺术性。

第七，展示与陈列内容文本应该撰写重点展项的分镜头剧本。所谓重点展项的分镜头剧本，一般是指创作数字影片、多媒体、大型场景、大型群雕、大型沙盘模型和大幅壁画绘画等的学术依据和形象素材及其创作方案或剧本。如果没有这些展项的分镜头剧本的支撑，形式设计者就难以准确形象地创作这些重点展项。

第八，展示与陈列内容文本必须撰写所有看板的文字说明。撰写前言、部分主题说明、单元主题说明到组主题说明和重点展品的文字说明。展示与陈列文字说明除了要求易读和精练外，在设计风格上宜采取提问式、鼓励参与、吸引注意力、指引观众和鼓励比较的方式，引起或激发观众阅读的兴趣。

第九，展示与陈列内容文本学术观点必须正确，依据材料要真实可信。博物馆文物展示与陈列不是娱乐媒介，而是观点和思想、知识和信息的传播。因此，展示与陈列提出的观点和思想、知识和信息，展示与陈列展示的各种展品（包括辅助展品），都必须建立在科学的、真实的基础上，以主要学术观点为基础，以客观真实的材料为支撑。

（二）展示与陈列内容文本的格式

展示与陈列内容文本主要是为展示与陈列形式设计创作专业人员服务的。因此，评价一个展示与陈列内容文本的格式是否合适，关键是要看其能否让展示与陈列形式设计创作专业人员一目了然地看懂文本，理解展示与陈列的传播目的、基本内容、结构、重点和亮点、形式表现的基本要求、展品展项创作的依据等，并且清楚如何将展示与陈列内容文本转化为三维的展示与陈列形态。基于这样的判断，展示与陈列内容文本格式应该包括：第一，展示与陈列总的传播目的和主题结构；第二，部分或单元传播目的和主题结构；第三，组的传播目的和内容组合。

（三）展示与陈列内容文本文字的编写

文字编写是展示与陈列内容文本策划的重要内容。展示与陈列内容文本文字至少应该包含三类文字：各级看板说明文字、辅助展品创作描述和依据文字、数字媒体隐性信息文字。

1. 各级看板说明文字

对博物馆文物展示与陈列来说，看板文字是必不可少的。好的看板说明文字，能增加观众对展示与陈列的兴趣，使他们对整个展示与陈列产生深刻的印象。看板文字是指展示与陈列前言与部分、单元、组和展品的说明文字，反映展示与陈列宗旨与每部分、单元和组的主题或核心思想。它们是展示与陈列与观众对话的媒介，是展示与陈列的讲故事者。

"前言""部分""单元"和"组"是一个严密完整的内容系统。前言文字、部分说明、单元说明、组的说明，每一级文字说明要能统领其下的展示内容。按照展示与陈列内容结构逻辑层次的要求，在各级文字说明编写上也必须做到：下一级文字说明必须服从和服务于上一级文字说明，紧扣上一级文字说明的主题，是对上一级文字说明的具体化。切忌上下级文字说明之间没有关系，或关系不大，或关系混乱。

同时，看板说明文字要包含主要的知识点和信息点，抓住重点，文字表述要精练，文字量不宜过长。一般来说，"部分说明"宜控制在 250~300 字，"单元说明"控制在 150~200 字，"组说明"控制在 80~100 字。

2. 辅助展品创作说明和依据文字

在博物馆文物展示与陈列中，辅助展品创作说明和依据文字可以提供观众更多的信息和背景知识。尤其是在叙事性主题展示与陈列中，由于文物标本等实物资料的缺乏，或是为了强化展示与陈列信息传播、增强展示与陈列观赏性和感染力的需要，博物馆文物展示与陈列往往会采用大量辅助艺术品和信息装置，例如壁画、油画、半景画、全景画、模型、沙盘、景箱、场景、蜡像、雕塑、多媒体、动画、互动装置、影视片等。这些辅助展品和信息装置以其良好的视觉效果、阐释能力和现场感而深受观众欢迎。

博物馆文物展示与陈列中这些辅助展品的创作和信息装置研发不同于一般的纯艺术创作和娱乐媒体，它们更是一种知识信息交流的媒介。因此，它们的创作必须遵循科学性、真实性原则，必须是有科学依据和学术支撑的再现、还原和重构。因此，在展示与陈列内容文本撰写中，不仅要对辅助展品和信息装置的创作提出要求，还要提供创作说明和创作依据。

3. 数字媒体文字

数字媒体文字的应用范围非常广泛，涵盖新闻报道、社交媒体帖子、电子书籍、广告宣传等各个领域。在撰写数字媒体文字时，需要考虑目标受众的特点和习惯，以及平台的特点和限制，以提供优质的用户体验。数字媒体文字作为信息、知识的传播载体，可以丰富观众的展示体验，即：①多语言展示，满足不同观众的需求，吸引更多国际观众，并促进跨文化的交流与理解；②通过使用图像、动画、音频等多媒体元素，呈现文物的多个方面，使展示更加生动、直观；③搭配触摸屏幕或其他交互设备，使观众能够与数字媒体文字进行互动，了解更多关于文物的知识和细节；④具有可更新性和灵活性，博物馆可以通过更新数字媒体内容展示新的研究成果或与特定活动相关的信息，保持展览的新鲜感和吸引力。

五、博物馆文物展示与陈列形式的设计

（一）博物馆文物展示与陈列形式设计的内容

1. 博物馆文物展示与陈列设计的条件

展示与陈列设计是有前提的，设计师必须在既定的条件下完成设计，这些条件既是设计的基础，也是设计的制约因素，设计能否最终进入实施阶段并顺利完成，除了要有好的设计构思和设计表达外，基本条件是否充分，是最终的决定因素。展示与陈列设计的基本条件包含以下四项：

（1）陈列大纲。形式设计是整个展示与陈列设计的第二阶段，在第一阶段的内容设计

中，相关展示与陈列策划设计人员完成了基于展品和主题构思的陈列大纲。对于形式设计而言，一个好的陈列大纲应满足如下要求：陈列主题明确，内容科学完整，展品及辅助展品数量、体量、形制、组合清晰，陈列布局合理，陈列规模明确，陈列重点突出。陈列大纲是形式设计的脚本，也是形式设计的出发点。

（2）展品。展品包括实物展品和辅助展品。实物展品是展示与陈列要突出的对象，是展示与陈列的主角，辅助展品包括地图、图表、模型、沙盘、景观、文字说明等用以丰富、完善、说明、强调实物展品的各种物质手段。展品本身具有重量、体积、材质、形状等固定的要素，还有相应的历史、艺术、科学、文化价值，在展示与陈列中起着从各个角度对展示与陈列主题进行阐释的作用，同时，展品本身也有安全保护防护要求。这些既是设计师要在设计中传达的内涵，也是设计的制约条件。

（3）场地空间。展示与陈列形式设计是空间视觉传达艺术，在一定的有限空间中展开与展示相关的空间，包括陈列厅室、展前区、博物馆外部空间、周边环境空间等，凡涉及展示与陈列信息传递的，都在设计师考虑范围内。设计师要在设计之前充分掌握建筑的结构、用材、工艺、空间序列、面积、净高、形状、尺度、模数等，同时掌握空调通风、电路、照明、消防、人员疏导、通道、门等情况，在此基础上对空间进行二次设计。有些新建博物馆会根据展示与陈列设计的需求进行建筑空间设计，这为设计师充分驰骋设计想象提供了更为广阔的空间，绝大多数情况下，设计师需要在既有的场地空间中完成设计。

（4）设备材料与工艺。陈列设备的设计是展示与陈列的重点，其种类、形式、体量、重量、数量和配置方式都要进行预估，由专业展具生产者提供的，要充分考察其是否符合展示与陈列设计要求。展示与陈列涉及的材料包括装饰材料、设备材料、辅助展品制作材料、展品衬托用料等。材料选用要考虑的因素有：材料物理性能、化学性质、加工条件、防火性能、视觉传达需求等。展示与陈列制作工艺包括材料加工处理、现场制作、配套设施安装等，工艺决定展示与陈列意图能否最终实现。

此外，如科技与数字展示手段、虚拟现实与增强现实、人员经费情况、设计制作周期等，也是设计中需要考虑的。

2. 博物馆文物展示与陈列的总体设计

总体设计阶段的任务是，根据陈列大纲要求，针对展品展示需求，在既有的场地空间基础上，完成对陈列的平面布局、立面和空间构成形式的设计。它主要包括如下内容。

（1）平面布局设计。使展示与陈列在既定的场地空间中，完成结构规划，构成完整序列。平面布局设计要求既要使展示与陈列的结构与建筑平面布局相辅相成，又要充分体现陈列大纲对展示重点、展示效果的要求，完成参观路线规划，绘制总平面图。

(2) 立面设计。立面设计要完成视觉效果设计的要求,它的任务有:墙面展品陈设设计,陈列柜与墙面展品组合设计,对立面的高度、色调、版式等提出要求,绘制立面设计图。

(3) 空间设计。建筑场地空间提供了展示与陈列的空间基础,在此基础上,设计师要对固有空间进行二次设计。除由平面布局和立面设计规定的空间规划外,还要对空间表情、趋势、氛围、意境、序列、关系等进行规划,考虑观众流动形成的空间动线,形成优美、有韵律的空间结构,绘制透视效果图或轴测图。

(4) 色彩设计。根据展示与陈列主题、内容和展品特色,提炼其文化内涵、象征元素、科学元素、民族地域特征、历史特征、自然标志等,凝聚象征意义,结合空间照明,进行总体色调设计,制定部分和单项色彩设计要求,绘制色彩效果图,制定色彩设计色标。

3. 博物馆文物展示与陈列的单元、分组与专项设计

(1) 博物馆文物展示与陈列的单元、分组设计。在总体设计方案基础上,要完成单元和分组的设计。这部分设计的要求与总体设计是一致的,是总体设计的细化,要绘制平面设计图、立面设计图、透视效果图或轴测图。陈列柜作为一个封闭空间,其内部的空间规划既是整个展示与陈列的细节,也是一个相对完整的展示与陈列空间,其平面、立面与空间也需要结合展品组合,通过台座、支架、背板等,构成有机统一的整体。

(2) 博物馆文物展示与陈列的专项设计。为了形成完整的展示序列,除陈列的总体、局部设计外,根据需要,还可在展示与陈列中增加一些专项设计,如景观、蜡像、全景画、半景画、虚拟展示、数字展示等,展示与陈列的序列因其设计要求、制作工艺要求比较特殊,往往也归入专项设计之中。如果说展示与陈列设计本身的总体格调是叙事的,陈列厅设计的风格则更多是抒情的,它通过象征、暗示、揭示、凝练、连类比物、因物象形、指代意会,深刻揭示展示与陈列主题。景观设计在自然科学类博物馆中是一种比较常见的运用,通过复原自然、社会、历史中某一真实存在的景观,来展示相关环境特征等。蜡像和全景画、半景画,都有再现场景、人物的作用。需要注意的是,这类专项设计要与整个展示与陈列的风格相协调,不可对主题展品造成喧宾夺主的效果。

4. 博物馆文物展示与陈列的辅助展品设计

为完善展品展出逻辑环节,扩展其文化艺术科学内涵,须进行图表、地图、沙盘、模型、复制品、景观等的设计,它的设计要求是紧紧围绕展品,以求风格格调统一。

5. 博物馆文物展示与陈列设计与材料

博物馆文物展示与陈列应用材料的范围十分广泛,因表现形式的需要,各种材质、各

种肌理、各种装饰效果的材料都有可能被运用到展示与陈列中来。木材、石材、玻璃、金属材料、塑料材料、纺织品、纸张、涂料等是比较常用的。从用途角度说，建筑材料、装饰材料、服饰材料、电工材料、电子材料、美术材料，甚至医用材料，都有可能被运用到博物馆文物展示与陈列中来。一般来说材料的选择要遵循以下原则。

（1）材料性能满足展示与陈列需要。包括展示对材料的承载力要求、环保要求、安防要求、耐久性要求等。

（2）材质肌理等满足设计要求。包括展示厅室装饰要求，展具表面肌理色彩要求等。

（3）材料材质规格满足加工工艺要求。包括切割、表面涂饰、连接、弯曲、造型、钻孔、黏结等。

6. 博物馆文物展示与陈列设计与工艺

加工制作工艺决定了展示与陈列的最后呈现效果，一个有珍贵展品展出的展示与陈列，若其制作工艺粗糙，会直接影响到观赏效果。对加工工艺，主要有以下要求。

（1）能完美呈现设计要求。包括工艺本身的质量、表面处理质量、纹理表现、细节表现、体现工艺或传统美感等。

（2）满足施工方案要求。展示与陈列的施工制作有些需要在异地完成，有些需要在现场制作，现场制作对工艺技术本身具有特殊要求，如对文物的保护、对建筑结构的保护等。

（二）博物馆文物展示与陈列设备设计

1. 博物馆文物展示与陈列设备的主要作用

（1）围护作用。博物馆展品特别是重要展品，本身具有极高的价值，因此需要将其与观众进行一定程度的隔离，并通过密闭环境创造来营造预防保护的微环境。它还起到阻燃、防盗、防冲击、防潮、防震、防腐蚀污染、防微生物侵害、防光害、防人体呼吸侵蚀等作用。

（2）展示作用。展示与陈列设备[①]是用来展示展品的，对展品起到衬托、装饰作用，它将展品组合、展品与辅助展品联络成有机的整体，用以阐释一定的价值意义。

（3）组织空间的作用。陈列厅室的二次空间创造，大部分是用展示与陈列设备来完成的，对空间进行分割、整合、联络、排列、增减，造成空间布局的丰富变化。

---

① 展示与陈列设备是展示与陈列设计中的大宗，它是构成展示与陈列空间表情的重要元素，也是展示与陈列最主要的物质基础。

2. 博物馆常用展示与陈列设备设计

（1）展柜。展柜是展示与陈列中最主要的设备，博物馆常用的展柜一般有单柜、通柜等。单柜是独立的，有立柜、平柜、坡柜、斜柜、四面柜、双面柜、异型柜等；通柜也称大联柜，沿展线以单位长度延展，便于陈列连续性、时间线性展品。展柜的设计主要考虑如下因素：观众参观的人体工程学需求，特别是视线和视觉带要求、展品展示的承重要求、展品防护要求、设备安装要求、关锁设计要求等。其中，柜内设备包括照明设备、恒温恒湿设备、空气调节设备、防盗监控报警设备、机械设备等。结构设计、玻璃安装、柜门设计和锁具应协调考虑。

（2）展墙、展架与展板。这一组展示与陈列设备与立面视觉效果关系重大，展墙又称展壁、假墙，既起到展示与陈列空间分割作用，以丰富空间格局、拓展展线长度，同时又是安置悬挂平面或小件展品的设备，可分为固定式和活动式。展架可以与展板组合成展墙，相对于比较正式、固定的展墙，材质轻便、功能多样、组合灵活。展板用于悬挂张贴平面展品，图表、照片等辅助展品，可以与展墙、展架配合使用，可以按照一定规格设计成展板系列，组合使用。

（3）台座。台座是实物展品的承托设备，有柜外和柜内两种。柜外的台座，一是可以进行"裸展"的展品的台座；二是大型展品如车马、棺椁、机械设备、车辆炮舰等的专用大型台座，须专门设计制作。柜内台座可以按照一定规格设计系列，以便进行组合。使用台座可使柜内展品错落有致，相互呼应，起到美观和视觉变化的作用。

（4）标牌。展示与陈列中用于说明文物的牌。标牌的设计应与立面设计，展墙、展板的版面设计，文字设计协同考虑。有的展示与陈列不设专门的标牌，采取喷绘的方式将说明文字直接喷涂到展墙、展板或展柜玻璃上。

（三）博物馆文物展示与陈列形式设计的操作步骤

对于一个展示与陈列形式设计的操作，设计人员并不是在接手陈列大纲后才开始介入，理想的参与方式是在前期研究策划阶段，设计人员就深度参与，对策展人的意图和展示与陈列主体内涵都有深度了解，才能在形式设计阶段少走弯路，尽快接近策展意图。

第一，在深度了解陈列大纲的基础上，全面了解展品情况。完整的陈列大纲提供了全部展品的数量、体量、形状、材质、色彩等数据，对于重要展品而言，与其相关的文字、影像、数据、文献、研究成果等，掌握得越多越详细，则对设计的帮助就越大。

第二，在充分了解展示与陈列主题和展品的基础上，进行概念化设计，提炼视觉元素，凝练核心意象，建构大体的平面布局、立面设计、空间布局和各个展示与陈列空间氛围塑造的构想。

第三，将初步形成的概念化设计与策展人员、研究人员和施工人员、后期教育推广人员反复沟通，找出其中不可行的部分，纠正其中偏差的部分。

第四，在概念化设计得到全面共识后，进行总体设计，形成总体设计方案。

第五，总体设计方案经论证讨论后，进入单元和专项设计阶段。

第四节　博物馆文物展示与陈列的空间设计

博物馆文物展示与陈列的空间设计的首要目标是保护文物的完整性和安全。通过合理的布局、照明和温湿度控制等手段，可以减少文物受到损害的风险，保护其长期保存。并且在保护文物、教育传播、观众体验和艺术美学等方面都具有重要的意义，它们相互交织，共同营造出一个具有魅力和教育价值的博物馆展览环境。

一、博物馆文物展示与陈列空间设计的意义

博物馆文物展示与陈列空间设计的意义在于呈现文化遗产和历史的珍贵之处，通过精心设计的展示空间，为观众提供了一个深入了解和体验文化的机会。以下是关于这方面意义的扩写：

第一，博物馆文物展示与陈列空间设计的意义在于保护和保存珍贵的文化遗产。文物是一个国家、一个民族的瑰宝，代表着历史的延续和传承。通过合理的展示与陈列空间设计，文物可以得到适当的环境保护，避免受到湿度、温度、光照等因素的损害。同时，科学的展示设计也可以减少文物与观众之间的直接接触，保护文物的原始性和完整性，确保其能够世代流传。

第二，博物馆文物展示与陈列空间设计的意义在于传递历史与文化知识。通过精心设计的展示方式，博物馆可以将文物与历史背景、文化内涵相结合，通过展示板、多媒体展示等方式，向观众传递相关知识。观众在观赏文物的同时，也能够了解到文物所蕴含的历史故事、传统价值观以及社会背景，进而增加对文化多样性的认知和理解。

此外，博物馆文物展示与陈列空间设计的意义还在于激发观众的情感共鸣。通过合理的展示布局和视觉效果，博物馆可以创造出一种沉浸式的体验，使观众能够感受到文物背后所蕴含的情感和艺术之美。无论是通过逼真的模拟环境还是艺术化的展示手法，都能够唤起观众的共鸣和情感共振，让观众与文物之间建立起一种独特的联系。

第三，博物馆文物展示与陈列空间设计的意义在于促进文化交流与教育。博物馆作为文化交流的重要场所，不仅可以吸引国内观众，还能够吸引国际观众的关注。通过合理的展示设计，博物馆可以打造出一个具有吸引力和吸引力的文化空间，吸引观众前来参观和学习。文物展示也成为教育的重要资源，可以为学生和公众提供多样化的教育机会，加深他们对历史、艺术和文化的理解。

总之，博物馆文物展示与陈列空间设计的意义不仅仅在于保护和保存文化遗产，更重要的是通过展示和教育功能，传递历史文化知识，激发观众的情感共鸣，并促进文化交流与教育。这些意义的实现需要博物馆设计师和相关专业人士的努力，以创造出一个富有魅力和启发性的展示与陈列空间。

二、博物馆文物展示与陈列空间设计的原则

博物馆文物展示与陈列空间设计的原则涉及多个方面，旨在最大限度地展示文物的独特魅力，同时提供观众良好的观赏体验和知识获取途径。以下是一些学术化的原则，以确保博物馆文物展示与陈列空间设计的有效性和吸引力。

第一，一个重要的原则是内容和形式的结合。展示文物的方式应与其历史和文化背景相契合。通过展示文物的原始环境或者使用它们的方式，可以使观众更好地理解其意义和价值。同时，展示方式也应充分考虑文物的材质、尺寸和特性，以展现其最真实的一面。

第二，展览空间的布局和流线是另一个重要考虑因素。博物馆应当设计合理的导览路线，使观众能够按照合理的次序浏览展品，同时在空间设计上注重观众的流动性和观看体验。采用合适的分区和展示方式，以及合理的交通流线，可以帮助观众更好地理解文物的历史背景和故事。

第三，信息呈现和解读是博物馆展示中不可或缺的部分。文字、图像、多媒体和互动元素等多种方式可以用来提供对文物的解释和背景知识。信息呈现应尽可能简明扼要，易于理解，同时创造出吸引人的视觉效果。此外，展示空间中的展示文物的标签、说明和故事应当清晰可见，并提供多语种的解读，以满足不同观众的需求。

第四，灯光和环境设计对于展示文物的效果和观赏体验起着至关重要的作用。恰当的灯光设计可以突出文物的细节和特色，同时营造出适宜的氛围和情感。对于易受光线破坏的文物，需要采取相应的保护措施，如使用适当的滤光材料和控制光照强度。此外，展示空间的环境设计应与文物的风格和主题相协调，为观众提供更加舒适和有吸引力的观展环境。

第五，参与性和互动性是现代博物馆展示的新趋势。通过引入互动展示方式和参与性

活动，观众可以更加深入地了解文物和历史，增加他们的参与感和学习体验。这可以包括触摸展品、实验室展示、模拟体验或虚拟现实等技术的运用，以及举办与展品相关的讲座、工作坊和活动等。

总之，博物馆文物展示与陈列空间设计的原则是多方面的，需要综合考虑文物的内容和形式、空间布局、信息呈现、灯光和环境设计，以及参与性和互动性等因素。通过遵循这些原则，博物馆可以打造出引人入胜、教育性强且与观众互动的展览，为观众提供难忘的文化体验。

三、博物馆文物展示与陈列空间设计的注意事项

博物馆文物展示与陈列空间设计是展示历史文化遗产的重要手段，因此需要特别注意一些关键要素。

第一，空间布局应考虑观众流线和展览主题。展览应该按照一定的逻辑顺序进行，以便引导观众有序地浏览。清晰明确的标识和指示牌可以帮助观众更好地理解展览内容和参观路线。

第二，文物的保护和安全是至关重要的。在设计陈列空间时，必须考虑文物的质地、尺寸和重量，以确定合适的展示方式和支架。安全防护措施如安装监控摄像头、使用防护玻璃和展示柜等都应该得到充分的考虑。

第三，陈列空间设计应注重氛围营造和展品的可视性。利用适当的照明和背景色彩来突出展品的特点和美感，营造出恰当的氛围。合理的展品间距和展示高度可以提供良好的观赏体验，同时确保观众可以清晰地观察到展品的细节。

第四，多媒体技术的应用也是现代博物馆展示的重要趋势之一。利用交互式展示、虚拟现实和增强现实等技术，可以增加观众的参与度和互动性，使展览更具吸引力和趣味性。

第五，展览空间的舒适性和无障碍性也是需要关注的方面。提供舒适的座椅、休息区和卫生设施，为观众提供良好的参观环境。此外，要确保无障碍设施的设置，满足残障人士和行动不便者的需求。

总之，博物馆文物展示与陈列空间设计需要考虑观众体验、文物保护、展示效果和无障碍性等方面的因素。只有综合考虑这些注意事项，才能打造出一个富有教育性、观赏性和互动性的展览空间，让观众更好地了解和欣赏历史文化遗产。

四、博物馆文物展示与陈列空间设计的优化策略

博物馆文物展示与陈列空间设计的优化策略在提升观众体验和文物保护方面起着至关

重要的作用。为了有效展示文物的历史价值和文化内涵,以下是一些精准的优化策略。

第一,合理规划陈列空间布局是关键。博物馆应考虑文物种类、数量和尺寸,以及展示主题和故事线索。通过划分不同的展示区域,可以营造出多样化和连贯性的展览体验。布局时需要注意流线和观众导引,确保观众可以顺利参观并深入了解每个展品。

第二,灯光设计是展示效果的关键要素。适当的照明可以提高文物的可视性和视觉吸引力。使用定向照明和灯光色温的调整,可以突出文物的细节和特色。此外,应避免直射光线和紫外线的照射,以减少对文物的损害。

第三,展示手段的多样化能够增加观众的参与感。除了传统的展柜展示,可以采用多媒体技术、虚拟现实和互动装置等手段。观众可以通过触摸屏、耳机导览和互动展品等方式与文物进行互动,深入了解其背后的故事和意义。

第四,展示文物的标签和解说文字应简洁明了。观众对展品的认知主要依赖于展示文字的解释。因此,文字内容应简洁、准确,并避免使用专业术语。同时,采用多语种的展示文字,可以吸引更多国际观众参观,并提供多元文化的体验。

第五,安全和保护是展示和陈列空间设计的重要考虑因素。博物馆应采用恰当的防护措施,包括安全监控、温湿度控制和防火系统等,以确保文物的安全和保持其保存状态。

总之,通过合理规划陈列空间布局、灯光设计、多样化的展示手段、简明解说文字和安全保护措施,可以优化博物馆文物展示与陈列空间的设计,提升观众的体验,并有效保护珍贵的文化遗产。

第五节 博物馆文物展示与陈列的数字化技术应用

一、数字化技术对博物馆文物展示与陈列的积极影响

数字化技术对博物馆文物展示与陈列产生了积极的影响。随着科技的不断进步,博物馆利用数字化技术能够更好地展示文物,让观众更深入地了解历史和文化。

第一,数字化技术提供了文物展示的更多可能性。通过三维扫描和虚拟现实技术,博物馆能够以更真实、更生动的方式呈现文物。观众可以通过虚拟现实头盔或平板电脑,穿越时空,身临其境地欣赏古代文明的辉煌。无论是远程探索埋藏在地底的文物,还是观看以前从未展出过的珍贵藏品,数字化技术都为观众提供了更广阔的体验空间。

第二,数字化技术改变了观众与文物互动的方式。传统的陈列方式通常是观众通过玻

璃展柜观看文物，信息有限，互动性较低。而数字化技术使得观众可以通过触摸屏、互动展示和游戏等方式与文物进行互动。观众可以放大、旋转和触摸文物，获取更多细节信息，深入了解其背后的历史故事。同时，数字化技术还为观众提供了多媒体解说、互动导览等功能，使参观更加富有趣味和教育性。

第三，数字化技术改变了文物保护与传承的方式。通过数字化技术，博物馆可以对文物进行高精度的数字化复原，记录下文物的每一个细节。这样一来，即使文物因岁月的摧残发生了破损，仍然可以通过数字化复原展示给观众。数字化技术还可以实现文物的远程共享与传播，通过互联网和社交媒体平台，使更多人了解和学习文物，推动文化的传承。

总之，数字化技术对博物馆文物展示与陈列具有积极的影响。它为观众提供了更丰富的展览体验，改变了观众与文物互动的方式，同时也促进文物的保护与传承。数字化技术的应用使得博物馆成为一个融合了科技与文化的场所，为观众带来了更深入、更有趣的参观体验。

二、数字化技术应用于博物馆文物展示与陈列的优势

随着社会的发展和科技水平的提高，在博物馆文物展示与陈列中逐步融入数字化技术已是大势所趋，数字化技术独有的特性也为展示与陈列注入了新鲜的血液。因此，不论是数字化技术本身的优势还是社会大环境的客观要求，都使数字化技术在博物馆文物展示与陈列中的应用具备了极大的可行性。数字化技术自身具备的优势特性。

（一）趣味性

数字化技术强大的互动功能使观众能够从中获得丰富的体验经验，具有极强的感受性、想象性和沉浸性。观众通过与展示和陈列中不同种类的数字化技术装置进行互动，体验到展示与陈列带来的乐趣。数字化技术的运用也促进博物馆人性化展示的发展，突出展示与陈列的个性化展示。观众可以根据自身的需求，借助展厅中的数字化装置自主选择参观内容和参观路径，突破了传统展示与陈列中观众只能被动接受展示信息的阻碍，更加人性化、个性化，充分地体现了博物馆文物展示与陈列"以人为本"的展示原则。

（二）拓展性

数字化技术装置拥有强大内存空间，可输入丰富的知识信息，调取浏览十分便捷，仅通过几次手指点击便可查阅大量的信息和资源。更为重要的是，通过超链接功能，利用辅助信息可使展品信息和展示与陈列主题在时间和空间维度上进行任意延伸，深化主题的表

达，丰富展品的信息表现层面，甚至可以实现跨学科知识的相互融合，穿越时空、从古至今，达到一种独特的信息解读效果。这也使其在展示与陈列中的作用更加突出，一些不便展示、无法展出的文物，其文化信息和相关知识都可以通过数字化装置进行展示。

（三）交互性

应用在博物馆文物展示与陈列中的数字化技术最直观的特性就是交互性，对促进观众、展品和环境三者之间的良性互动起到了积极作用。观众可以自主选择参观的主题、行进的路线、导览的方式、互动的形式等，还可以选择浏览更多、更深入的文物信息。

博物馆文物展示与陈列内容的传递、信息的接收、观展体验的反馈都是在观众自主参观的过程中进行的。数字化技术不仅打破了传统博物馆文物展示与陈列模式，还使观众与文物之间建立了良好的互动空间，也使文物展品的价值得到充分的体现，甚至能够催生出文物更大的文化价值。

三、博物馆文物展示与陈列中数字化技术应用的价值

第一，数字化技术的应用能够有效地提高观众的参与感。长期以来，传统的博物馆文物展示与陈列更加体现出一种枯燥的信息传递模式，观众往往只能被动地去接受博物馆管理人员所想要传达出的一些文物价值观念和信息内容，无法主动地去了解文物的信息和特点，导致文物与观众之间无法产生有效的互动和交流，观众的体验感极差。但是数字化媒体在博物馆文物展示陈列过程中的有效应用却能够为观众提供一种更加良好的参与形式，让观众主动去了解博物馆中文物所传达出的具体信息，有效地提高博物馆文物展览陈列的有效性，促进传统文化与其价值观念的进一步传播。

第二，数字化技术的应用能够丰富观众的感官体验。传统博物馆文物在陈列展览的过程中，观众对于文物的整体信息仅仅能够产生视觉方面的感受，而通过数字媒体技术的有效应用，能够传达出听觉以及触觉等其他方面的信息，从而丰富观众的感官体验。通过使用一些现代化数字信息技术，让观众能够从触觉及听觉方面来感受文物的实际情况，丰富博物馆文物的展示形态，使观众在博物馆了解到更多的信息。

第三，数字化技术的应用能够展示出文物的众多细节内容。将数字媒体技术应用到博物馆陈列展览中，对文物的各项信息进行了系统性地录入及整理，能够形成高度真实的数字文物。在观众观看文物展览时，对于某一个具体的数字文物能够将其放大、旋转等，并对其具体的部位进行细节方面的观看，从而能够对文物的纹理细节产生更加清晰的认知。在此基础上，博物馆中一些不方便让观众近距离观察的文物及细节比较丰富的文物，都可

以利用数字化信息技术，让观众更深刻地了解文物的内涵，丰富观众的参观体验。

第四，数字媒体技术的应用能够更加全面地展示文物的信息。博物馆开展的文物陈列展览工作，要求相关的人员使用数字媒体的方式，让观众对文物产生更加全面的了解，可以从多个方面观看文物。这就要求博物馆的管理人员能够借此展现文物的各个角度，并通过数字媒体技术形成三维立体图像录入到整体系统中，也可以从不同视角展示文物一些比较隐蔽的细节等部分，在适当的空间中使文物以动态的形式呈现在观众面前，便于观众对文物产生更加深入的了解。

四、博物馆文物展示与陈列中数字化技术应用的完善策略

（一）注重与传统展示方式的结合

虽然数字化技术可以为观众带来新的展示方式，但传统的展示方式仍然具有独特的魅力和教育意义。因此，在数字化技术的应用过程中，博物馆应该充分考虑如何与传统展示方式进行融合，避免过度依赖数字化技术而失去了文物本身的魅力。

为了实现数字化技术和传统展示方式的有机结合，博物馆可以采取一些策略。首先，可以将数字化技术应用于某些特定的文物展示中。通过使用虚拟现实、增强现实或交互式展示，观众可以亲身体验文物的历史场景或细节。数字化技术可以帮助展示文物的多个方面，例如其制作工艺、历史背景或文化意义，使观众更好地理解和欣赏文物。

同时，为了保持观众对传统展示方式的认同感和兴趣，博物馆应该保留传统的陈列方式。通过展示实物文物，观众可以亲身感受其真实性和历史厚重感。在数字化技术应用于展示中的同时，博物馆可以保留文物的原貌和展示环境，例如使用透明罩或展柜，以确保观众能够近距离观察文物，并感受到它们所带来的独特魅力。

此外，博物馆还可以在数字化技术展示的同时提供相关的解说和教育活动，以帮助观众更好地理解文物的历史和文化意义。通过工作坊、讲座或互动式展示，观众可以参与到展示中，与文物互动，增强学习和参与感。

总之，数字化技术在博物馆展示中具有重要的作用，但应注重与传统展示方式的结合。通过充分考虑如何保留文物本身的魅力和教育意义，博物馆可以在数字化技术应用中创造更加丰富、多样且有趣的展示体验，使观众获得全面的文化享受。

（二）形成"博物馆+高校"联盟，促进"产学研"一体化

博物馆可以立足自身的发展情况，与本地高校联合，学习其他行业与高校合作的"产

学研"一体化模式，与高校相关专业合作开发适用于本馆使用的数字化展示装置。此举不仅可以解决博物馆应用数字化技术装置的许多问题，还在无形中培养了人才，不仅可以促使博物馆自身从数字化技术装置的使用者向研发者转变，提高博物馆整体的科研水平，提升博物馆服务社会的整体质量，也使得"博物馆+高校"这样的联盟得以形成。一方面可以提高学生、高校的创新能力，解决学生就业难的现实问题；另一方面也可以扭转目前博物馆相关学科"学无以致用"、学校教学与就业需要出现断层的现象，带动整个博物馆行业的发展。

（三）合理策展，打造专业策展团队

策展者需要在策展过程中详细研究展示与陈列内容，把握展示与陈列主题与展示与陈列脉络，认真琢磨展示与陈列大纲和展示与陈列脚本，在适当的、合适的位置设置数字化技术装置。

数字化展示装置搭载的内容，则需要博物馆内部的策展团队对展示与陈列内容和文物信息进行深度的整合与分析，通过多元化、趣味性的展示方式将文物与展示与陈列背后大量的信息展示出来，只有展示出更加丰富的文化内容，才能吸引观众走进博物馆，去汲取其想要得到的知识与文化，才能使博物馆承载的历史文化得到更好的传播。

博物馆应该对内部机构进行整合，将学术团队、策展团队合二为一，使二者更好地进行展示与陈列的筹备工作。在此方面，首都博物馆已经走到了前列。首都博物馆的策展团队专业丰富，以博士为主要成员，涉及了历史、文博、考古、外语、计算机等专业，在策展时可以根据展示与陈列需求选择不同的人员。

此外，在策展准备工作中要求策展人员做到"资料全、基础扎实"，真正做到了"强大的策展团队"。

（四）携手数字化技术团队，打造精品展示与陈列

近年来，博物馆与数字化技术团队合作的机遇正愈发显著。博物馆亟需加强与数字化技术团队的沟通与交流，抛弃故步自封、居高临下的态度，而是应巧妙地将内部的学术策展团队与外部的数字化技术专业人才有机融合，携手致力于打造引人入胜的展览与陈列。以首都博物馆为例，在"王后母亲女将——纪念殷墟妇好墓考古发掘四十周年特展"中，博物馆与数字化技术团队展现出了卓越的合作默契。他们成功将现有的发掘资料、实地模型与VR技术的巧妙融合，为观众呈现了一位非凡女性的感人故事。在这个展览中，VR技术使观众深入探索妇好内心世界的同时，也让他们感受到商代历史的生动和真实。观众

不再仅仅是在北京的展馆中漫游,而是被引导穿越时空,感受古代历史的真实氛围。这种视觉冲击让观众在展览中获得了极具震撼的体验,为他们带来了一场身临其境的历史之旅。

(五)注重持续的更新和改进

数字化技术的应用需要注重持续的更新和改进,特别是在博物馆领域。随着科技的快速发展,新的数字化技术层出不穷,这给博物馆提供了更多展示和传播文化遗产的机会。为了保持与时俱进,博物馆需要时刻保持对最新技术的关注,积极应用于数字化展示手段中。

第一,博物馆应定期评估数字化技术的应用效果。通过观察和分析访客的反馈,博物馆可以了解到数字化展示是否能够吸引观众的兴趣和参与度。这些反馈可以来自访客的问卷调查、社交媒体的评论或专业评审的意见。通过收集这些反馈和评估结果,博物馆能够了解数字化展示的优势和不足之处。

第二,根据反馈和评估结果,博物馆需要进行相应的调整和改进。这可能包括更新展示设备、改良互动界面、优化虚拟导览等。博物馆可以借助技术专家或合作伙伴的帮助,进行系统性的技术更新和改进。通过不断地修正和优化,博物馆能够提供更好的数字化展示体验,吸引更多观众参与其中。

总之,数字化技术在博物馆领域的应用需要持续的关注和改进。博物馆应该定期评估数字化技术的应用效果,并根据反馈和评估结果进行相应的调整和改进。通过不断更新和改进数字化展示手段,博物馆能够提供更好的展示体验,让观众更好地了解和感受文化遗产的魅力。

综上所述,无论从数字化技术的特性还是博物馆自身方面进行考量,数字化技术在博物馆文物展示与陈列中的应用还有一段很长的路要走,还需要在不断实践的基础上深入系统地研究。随着数字化技术的不断发展和"互联网+"模式的普及,数字化技术自身存在的问题终将被一一解决。而博物馆身处在这样的大环境下,也必须努力探索如何与数字化技术更好的结合。数字化技术应用于展示与陈列的确存在着种种欠缺,但随着科技的不断进步和博物馆在此道路上的不断探索,相信这些不足和欠缺定会逐步改进和完善。

第五章 博物馆文创产品研发与产业运营

第一节 博物馆文物的开发意义

"博物馆作为文化机构对区域的文化保护与传承具有重要的作用,而对文化传承的方式之一便是对博物馆文化资源进行文化创意产品开发。"[①] 博物馆文物的开发意义重大,不仅对于保护文化遗产起到重要作用,还有助于传承历史、促进教育、激发创造力和提振旅游业。

第一,博物馆文物的开发对于保护文化遗产至关重要。文物是一个国家或地区的宝贵财富,代表着过去的历史和文化。通过积极的开发,博物馆可以确保这些文物得到妥善的保护、保存和研究,防止它们遭到损坏、丢失或被盗。这样,人们就能够继续欣赏和学习这些宝贵的遗产,同时也能够将其传承给后代。

第二,博物馆文物的开发有助于传承历史。文物是历史的见证者,通过展示和解释这些文物,博物馆可以帮助人们了解过去的社会、文化和生活方式。通过与文物亲密接触,观众能够更深入地了解自己的文化根源,增强文化认同感。这样的传承不仅有助于弘扬民族文化,也促进不同文化之间的交流和理解。

第三,博物馆文物的开发在教育方面起到了重要作用。博物馆是一个生动的教育场所,通过展示丰富多样的文物和艺术品,博物馆能够提供丰富的学习资源和教育活动。学生们可以在博物馆中进行参观、学习和研究,通过亲身体验与触摸文物,增加他们的知识和见识。博物馆还可以组织丰富多样的教育活动,如讲座、工作坊和导览,使学生们在互动中获得知识和启发。

第四,博物馆文物的开发还能够激发创造力和推动文化创新。文物中蕴含着丰富的艺术和创造力,通过对文物的观察和研究,人们可以汲取灵感,发展出新的艺术作品和创新

---

① 李波. 宁夏博物馆文创产品开发思考 [J]. 合作经济与科技,2023,(09):85-87.

设计。博物馆可以与当代艺术家和设计师合作，通过展览和活动，促进文化创新和艺术的发展。这样的合作有助于将传统与现代相结合，推动文化的多样性和创新。

第五，博物馆文物的开发对于旅游业的发展也有积极的影响。文化旅游已经成为全球旅游业的重要组成部分，博物馆文物作为文化旅游的重要资源，吸引着众多游客前来参观和体验。通过博物馆的开发，可以提升旅游目的地的吸引力和竞争力，增加游客的到访量和旅游支出，促进当地就业机会的增加和经济的发展。

总之，博物馆文物的开发意义重大。它不仅有助于保护文化遗产，传承历史，推动教育和文化创新，还能够促进旅游业的发展。通过积极地开发和利用，博物馆文物将继续发挥重要的作用，为社会的发展和文化的繁荣做出贡献。

第二节　博物馆文创产品的研发

一、博物馆文创产品的特性

博物馆文创产品是指以博物馆文物和艺术品为设计元素，通过创意设计和加工制作而成的衍生产品。这些产品既具有艺术性和文化内涵，又能够满足人们的消费需求。

（一）博物馆文创产品的要素

第一，文化内涵。文化内涵指的是博物馆文创产品中的文化含义，它是通过外观造型、图案、色彩和装饰等要素来表现的。

第二，制作材料。制作材料指生产和制作博物馆文创产品所使用的原材料。原材料的差异，是文创产品之间差异形成的重要因素。就地取材制作出来的器物，具有较浓厚的当地特色。

第三，制作工艺。制作工艺指博物馆文创产品的加工制作方法。这些制作方法有：当地与异地制作工艺、手工工艺与机械工艺、传统工艺与现代工艺等。

第四，功能用途。功能用途即博物馆文创产品的物质功能与精神功能。物质功能指的是能满足购买者的某种物质方面的需要，精神功能则是民族特征、价值观念、审美情趣、宗教信仰反映出来的给予购买者的精神享受。

（二）博物馆文创产品的特征

第一，创新性。创新是文化创意产品的本质特征。创新性主要是指在开发和生产的过程中，文创产品的生产要具有自主知识产权的原创性研究。博物馆文化创意产品的开发，不是简单地照搬照抄，而是开动脑筋的创意性行为。一流的博物馆的文创产品一定是历史和现实的衔接、审美与实用的结合。

第二，文化性。"以文化为根"是开发创意产品的基本原则，博物馆创意型文创产品的开发更倾向于满足人们的精神文化需求，这也是文创产品的基本属性。只有具备了文化内涵，文创产品才能获得真正的生命力，才能突出每个博物馆之间的文创产品差异。只有找准了文化特色的元素，才能创造出具有深厚文化底蕴的产品。

第三，教育性。博物馆文创产品与一般产品最大的不同在于其具有教育性，这是博物馆的职能所决定的。博物馆文创产品作为博物馆教育功能的延伸，是游客"可以带回家的博物馆"。人们可以把这些具有文物符号的产品带回家，细细品味，甚至可以融入我们日常的生活中。

第四，宣传性。宣传性也是博物馆文创产品的特性之一。那些被人们"带回家的博物馆"，不仅走进了人们的日常生活，也将博物馆的历史、艺术、科学信息传播到家家户户。博物馆文化创意产品是博物馆最好的宣传品，也是博物馆最好的"名片"。

第五，品牌性。品牌是代表博物馆和博物馆文创产品的符号。文化创意产品创造的是无形资本，积累的是品牌效应。

第六，知识产权性。文化创意产业的核心生产要素是信息、知识、文化和技术等无形资产，这就是知识产权的内涵。如果博物馆文化创意产品没有知识产权的保护，将会面临被随意复制和盗版的混乱局面，而博物馆文化创意产业也会面临生存和发展的危机。因此，加强知识产权保护是发展博物馆创意型文创产品的必由之路。

（三）博物馆文创产品的分类

第一，典藏仿制品类。典藏仿制品类产品是对馆内珍藏精品文物的复制或仿制，属于传统的博物馆文创产品种类。它的主要功用就是满足喜欢珍藏古玩的藏家将"文物"带回家的愿望，满足大众传统的文化和睹物思情的情感认同。这类产品在制作开发的过程中，一定要谨慎地对待藏品的原貌、比例和技术。

第二，出版品类。出版品类主要包括博物馆的一些学术资料、图录等，主要宣传和展示博物馆的理念与研究成果。同时，它也是博物馆重要的一类宣传品。出版品的开发种类繁多，主要包括馆内藏品的相关书籍专刊、学术资料、多媒体光盘、电子出版品和博物馆导览手册等。以博物馆普及读物为例，它用来普及博物馆的研究成果，属于书籍专刊系列。

第三，体验活动类。这一类别主要是博物馆比较特殊的服务项目，诸如加盖博物馆的纪念戳、现场定做的个性化纪念品、学习传统工艺等。这一类型的文创产品由于具有很强的互动性和趣味性，因此对游客的吸引力巨大。这类产品适应了时代和公众的需求，能够使博物馆教育的对象，从被动接受变为主动探索，有助于推进博物馆教育发生本质的变化，给博物馆的教育职能增添无穷的活力。

第四，创意品类。文化创意产品类不是对馆藏文物图案、纹饰或造型的直接复制，而是加入创意设计，以经典藏品为创意设计元素，并结合创新设计的理念和现代科学技术的运用开发出兼有创意感和实用性、具有更高艺术价值的产品。

二、博物馆文创产品研发的关键因素

博物馆文创产品研发是将传统文化与现代创意相结合的过程，旨在通过创新的方式传承和展示文化遗产，提供独特而具有吸引力的产品和体验。在这个过程中，有几个关键因素需要考虑和融合，以确保文创产品的成功开发和推广。

第一，文化传承与创新融合。文化传承是博物馆文创产品研发的核心目标之一。它要求开发者深入了解和尊重传统文化的内涵和价值，从中汲取灵感和元素，并将其融入创新的设计和理念中。通过将传统与现代的元素相结合，可以打造出具有时代特色和创新价值的文创产品，使观众能够在欣赏中感受到传统文化的魅力和现代生活的张力。

第二，设计与技术的结合。博物馆文创产品的设计是其成功的关键之一。设计需要考虑产品的功能、美感和实用性，同时也要注重传达文化信息和故事的能力。在设计过程中，结合现代技术的运用，如虚拟现实、增强现实、3D打印等，可以为文创产品带来更多的创新和互动性，提升用户的体验和参与感。通过技术的应用，可以将博物馆的珍藏和故事以更生动和多样化的方式呈现给观众。

第三，高品质与可持续发展。博物馆文创产品的品质是其成功的保证。高品质的产品不仅在外观、材质和制作工艺上体现出来，还包括对文化内涵的准确传达和表达。在研发过程中，要注重选择优质的原材料和生产工艺，确保产品的耐久性和观赏性。同时，可持续发展也是一个重要的考量因素，包括选择环保材料、推行可循环再利用和减少资源浪费等措施，以确保文创产品的可持续性和环境友好性。

第四，市场营销与品牌建设。博物馆文创产品的成功需要有效的市场营销和品牌建设策略。通过市场调研和分析，了解目标消费者的需求和偏好，制定相应的定位和推广策略。建立良好的品牌形象和声誉，提升产品的知名度和美誉度，可以吸引更多的消费者关注和购买。此外，与其他文创机构和渠道的合作也是市场推广的一种重要方式，通过合作共赢，扩大产品的销售渠道和影响力。

总之，博物馆文创产品研发的成功与否受到多个因素的影响。在传承与创新融合、设计与技术结合、高品质与可持续发展以及市场营销与品牌建设等关键因素的共同作用下，可以打造出独具魅力和竞争力的博物馆文创产品，为观众带来丰富的文化体验和价值。这些因素的有机结合将推动博物馆文创产品行业的创新和发展，促进传统文化的传承与传播，同时也为社会经济的可持续发展做出贡献。

三、博物馆文创产品的研发流程

博物馆文创产品的研发流程如下。

第一阶段，策划和调研。博物馆文创产品的研发过程通常从策划和调研阶段开始。这个阶段的目标是明确产品的定位、目标受众和市场需求。策划团队会进行市场调研，了解观众的兴趣、偏好和购买行为，并对博物馆的历史、文化背景和珍贵藏品进行深入研究。通过分析市场和目标受众的需求，策划团队可以确定一个切实可行的文创产品概念。

第二阶段，概念设计。在概念设计阶段，策划团队将根据调研结果和目标定位，提出一系列的创意概念。这些概念可能涵盖不同的产品类型，如纪念品、图书、装饰品等。团队会进行头脑风暴和创意讨论，选择最具创新性和市场潜力的概念。在此阶段，还会考虑产品的设计风格、材料选择和功能特点，以确保产品与博物馆的文化形象和价值相契合。

第三阶段，原型制作。一旦确定了概念设计，就会进入原型制作阶段。制作一个可行的原型有助于评估产品的实际效果和可行性，并为后续的改进提供基础。原型可以是实物样品、电子模型或虚拟模型，具体形式取决于产品类型和设计要求。在这个阶段，制作团队通常与设计师、工程师和技术专家合作，确保原型的外观、质量和功能符合预期。

第四阶段，生产和制造。当原型通过测试并得到批准后，进入生产和制造阶段。这包括确定生产流程、选择供应商、采购原材料和组织生产。制造团队负责监督生产过程，并确保产品质量符合标准。在生产过程中，与供应商的密切合作非常重要，以确保产品的按时交付和成本控制。

第五阶段，包装和营销。生产完成后，博物馆文创产品需要进行包装和营销。包装设计应与产品风格相一致，吸引目标受众的注意力，并提供足够的信息。此外，制订一个全面的营销计划也至关重要。这可能包括线上线下渠道的推广、参展博览会、举办主题活动等。有效的营销策略有助于提高产品的知名度和销售额。

第六阶段，销售和反馈。博物馆文创产品进入销售阶段，产品可以通过博物馆自己的商店、在线零售平台和合作伙伴销售。销售团队应密切关注市场反馈和消费者的意见。通过收集和分析销售数据和客户反馈，可以评估产品的市场表现，并做出相应的改进和调整。

总结起来，博物馆文创产品的研发流程包括策划和调研、概念设计、原型制作、生产和制造、包装和营销、销售和反馈等多个阶段。通过这一流程，博物馆可以创造出具有文化内涵和商业价值的独特产品，同时满足观众的需求，推动博物馆文创产业的发展。

四、博物馆文创产品研发的优化策略

博物馆文创产品研发的优化策略是指为了提升博物馆文创产品的质量、创意和市场竞争力而采取的一系列策略和方法。博物馆文创产品是博物馆为了满足观众需求、推广文化遗产和增加收入而开发的创意产品。下面将详细介绍几种优化策略。

第一，了解受众需求是优化博物馆文创产品研发的重要步骤。博物馆应该进行市场调研和受众分析，了解目标受众的兴趣、需求和购买能力。通过与观众的互动和反馈，收集信息并加以分析，以便更好地了解受众的喜好和期望。这将有助于博物馆确定合适的主题、材料和创意方向，为受众提供更有吸引力的文创产品。

第二，注重创意和设计是博物馆文创产品研发的关键。博物馆应该积极寻求与创意设计师、艺术家和工匠的合作，以确保产品的独特性和创新性。优秀的创意设计能够提升产品的美感和艺术价值，吸引更多的观众和购买者。此外，产品的设计还应该注重与文化遗产的关联性，突出博物馆的独特价值和故事性。

第三，加强与工业界的合作是优化博物馆文创产品研发的重要策略。博物馆可以与相关的制造商、供应商和技术公司建立合作关系，利用他们的专业知识和资源来提升产品的制造质量和技术含量。通过合作，博物馆可以更好地掌握最新的制造技术和材料，提高产品的可持续性和环保性，并实现生产成本的控制。

第四，加强营销推广是优化博物馆文创产品研发的重要手段。博物馆应该注重产品的品牌建设和宣传推广，通过有效的市场营销手段来增加产品的曝光度和知名度。博物馆可以利用社交媒体、网站、展览和活动等渠道来展示和推广文创产品，吸引更多的观众和潜在购买者。此外，建立良好的销售渠道和合作伙伴关系也是推广产品的重要途径。

第五，持续创新和改进是优化博物馆文创产品研发的长期策略。博物馆应该不断关注市场动态和潮流，及时调整产品的设计和开发方向，以保持产品的竞争力和吸引力。博物馆可以鼓励内部创新和外部合作，开展研究和开发新的技术和材料，不断推陈出新，满足受众的不断变化的需求。

总之，博物馆文创产品研发的优化策略包括了解受众需求、注重创意和设计、加强与工业界的合作、加强营销推广以及持续创新和改进。这些策略的实施将有助于提升博物馆

文创产品的质量和市场竞争力，促进文化遗产的传承和推广。

五、博物馆文创产品研发的注意事项

博物馆文创产品研发是在博物馆背景下进行的创新工作，旨在将博物馆的文化、历史和艺术资源转化为具有实用性和审美价值的产品。在进行博物馆文创产品研发时，有一些关键注意事项需要特别考虑。

第一，理解博物馆的定位和核心价值是文创产品研发成功的基础。博物馆作为文化传承和教育机构，其目的是通过展览和收藏来传递知识和体验。在研发文创产品时，必须与博物馆的核心使命保持一致，将产品的设计与博物馆的主题和文化内涵相融合。

第二，深入了解目标受众是文创产品研发过程中不可或缺的一步。不同的人群对文化产品的需求和喜好有所不同，因此需要对目标受众进行细致的分析和研究。通过市场调研和用户反馈，了解他们的兴趣、需求和购买力，有助于确定合适的产品类型和定价策略。

第三，注重创新和独特性。博物馆文创产品市场竞争激烈，要吸引目标受众的注意力，必须具备独特的设计和创新的理念。可以运用新颖的材料、技术或工艺，将传统文化元素与现代设计相结合，打造独特而富有吸引力的产品。

第四，确保文创产品的实用性和品质。博物馆文创产品既要具备观赏性和艺术性，也要具备实用性和功能性。产品的品质和耐用性是保证用户满意度的关键因素，因此在材料选择、生产工艺和质量控制上必须严格把关。

第五，建立良好的合作伙伴关系。博物馆文创产品的研发通常需要跨学科合作和多方资源整合。与设计师、艺术家、制造商和营销团队建立良好的合作伙伴关系，共同推动产品的研发和推广工作，能够提高产品的质量和市场竞争力。

第六，注重版权和知识产权保护。博物馆文创产品往往涉及文化艺术作品的使用和创作，因此必须严格遵守版权和知识产权法律法规，确保产品的合法性和原创性。在产品设计和营销过程中，应注意尊重他人的知识产权，避免侵权行为的发生。

第七，持续创新和改进。博物馆文创产品的市场需求和受众喜好都是不断变化的，因此研发团队应保持持续的创新和改进意识。通过与用户的互动和反馈，及时调整产品设计和策略，以适应市场的变化和需求的变化。

总之，博物馆文创产品研发需要充分考虑博物馆的定位和核心价值，深入了解目标受众，注重创新和独特性，确保产品的实用性和品质，建立良好的合作伙伴关系，注重版权和知识产权保护，以及持续创新和改进。只有在综合考虑这些注意事项的基础上，才能研发出成功的博物馆文创产品，为观众带来更好的文化体验。

第三节　博物馆文创衍生品的艺术创新

博物馆文创产品是基于博物馆资源，经过创意设计开发而成的，具有文化性与创意性的产品。它们在一定程度上可以延续文物藏品的生命力，使大众拥有更多的时间和空间去慢慢理解藏品的文化内涵。同时促进和支持博物馆的发展，提升其在经济、文化及社会领域的影响力。

一、博物馆文创衍生品的特点

第一，文化资源的多样性。博物馆的文化资源囊括了人类生产、生活的不同时期和各个方面的内容。博物馆文创衍生品的研发，可以建立在挖掘博物馆自身历史文化内涵的基础之上，着力发展馆藏特色及相关展览的文创产品和衍生产品。

第二，多领域的专业复合性。参观博物馆是旅游过程中必不可少的一站，人们可以快速精准地了解、体验当地的文化和历史，感受当地的人文。博物馆可以与当地旅游局共同开发一条博物馆专属的旅游线路，将文化、教育、旅游融为一体，寓教于乐，充分发挥博物馆文化传播和宣传的优越性。

第三，鲜明的民族性与地域性。博物馆文化与其民族文化、地域文化息息相关。民族文化虽然具有明显的共通性，但是在不同的地域有着不同的文化发展路径。所以，博物馆文化的实质是民族文化与地域文化的结合。那么，博物馆文创衍生品势必要突出民族性与地域性的特色，才能引起人们在文化上的认同和共鸣，从而能更好地发展。

第四，与时俱进的创新融合性。博物馆见证着时代的更迭、文化的进步、科技的创新。其衍生产品所传达出的文化，一定程度上可以反映出社会文化的风貌和潮流时尚，具有包容性和时效性。

二、博物馆文创衍生品开发的意义

第一，博物馆文创衍生品的开发有利于博物馆文化的传播，博物馆文创衍生品的出现使博物馆文化具有了一定的灵动性。博物馆的历史文化伴随着博物馆文创衍生品的流通而遍布世界各地，走进更多人的生活中，形成了新的文化传播路径。

第二，博物馆文创衍生品的开发有利于博物馆自身的发展，我国博物馆的发展曾长时间处于相对固化的状态，缺乏一定的主动性和创新性。随着世界上其他地区博物馆文化的崛起和发展，我国的博物馆也意识到了自身发展中的问题，少数博物馆开始着手开发博物馆文创衍生品，并在不断的摸索和实践中逐渐找到了适合博物馆自身文创衍生品发展的道路。

第三，博物馆文创衍生品的开发有利于博物馆经济的增长。我国大多数博物馆是向群众免费开放的，这就意味着大笔的门票经费在流失，但是参观博物馆的客流量却在上涨。这就为博物馆文创衍生品的推广和销售提供了大量的潜在消费群体。

第四，博物馆文创衍生品的开发有利于促进旅游文化的发展。博物馆文化有着与旅游文化相似的特点。它们都是对地方文化的挖掘与重现，依托于观众的造访而实现自身的价值。博物馆的文创衍生品是观众游览和参观结束后的精神寄托，它们是集收藏、观赏、实用性等多种功能于一身的物质文化产品，使文化潜移默化渗入人们的旅途和未来生活，扩展旅游业文化的深度，从而促进旅游文化的发展。

三、博物馆文创衍生品的创新设计原则与设计方法

（一）博物馆文创衍生品的创新设计原则

博物馆文创衍生品的创新设计原则在如今的文化创意产业中扮演着重要的角色。随着人们对文化遗产的关注日益增加，博物馆文创衍生品成为连接博物馆与大众之间的纽带，为观众提供了更丰富的体验和参与感。为了保持创新和吸引力，设计师们应该遵循以下关键原则。

第一，强调文化独特性。博物馆文创衍生品的设计应该充分体现所在博物馆的文化特色和独特性。通过深入了解博物馆的收藏品、历史和背后的故事，设计师可以将这些元素融入产品设计中，创造出独具魅力的衍生品。这样的设计不仅能够提升产品的附加值，还能够传递博物馆的核心价值观。

第二，注重故事叙述。一个好的博物馆文创衍生品应该有一个有趣而富有意义的故事。设计师应该通过产品的形式、图案、材质等方面来诠释故事，并将其与博物馆的展览和主题紧密联系起来。这样的设计能够激发观众的好奇心，引发他们对历史和文化的探索欲望。

第三，融合传统与现代。博物馆文创衍生品的设计应该找到传统和现代的平衡点。它们可以通过创新的设计手法、材质选择和工艺技巧来注入现代元素，使得传统文化更加与时俱进。这种融合不仅能够吸引更广泛的观众群体，还能够传承和传播传统文化的价值。

第四，保持高品质和可持续性。博物馆文创衍生品的设计应该注重产品的质量和可持

续性。设计师应该选择优质的材料，注重工艺和细节的精致度，以确保产品的高品质和持久性。此外，设计师还应该考虑产品的可持续性，选择环保材料和生产方式，减少对环境的影响。

第五，多样化和个性化。博物馆文创产品的衍生方式主要分为表层式、框架式和内涵式。在种类上主要分为典藏复制品、出版品、衍生创意品、地方类旅游产品。在周期上主要分为全年常设的固定产品、馆藏特色衍生品、特展衍生品、季节性衍生品、节日性衍生品。设计师应该考虑到不同观众的需求和偏好，创造出多样化和个性化的博物馆文创衍生品。通过提供不同风格、尺寸、价格等方面的选择，满足不同人群的需求，使得观众能够找到与自己喜好相符的产品。

总之，博物馆文创衍生品的创新设计原则包括强调文化独特性、注重故事叙述、融合传统与现代、保持高品质和可持续性，以及多样化和个性化。这些原则能够帮助设计师创造出与博物馆紧密相连、吸引人们关注的创新产品，促进文化遗产的传承和传播，为观众提供丰富的文化体验。

（二）博物馆文创衍生品的设计方法

1. 为原有功能与结构赋能

藏品自身的功能和结构在被创造时就已经有了基本的定性，其功能和意义的衍生则来源于后人在当下情境中的理解。为藏品原有功能与结构赋能，就是将藏品已经生成的属性特征和价值与现代生活相匹配的过程。比如，坠马髻颈枕外形的设计就高度还原了《唐人宫乐图》中侍女的坠马髻发式，通过对藏品立体化的塑造，赋予了产品现代化的功能，并能够服务于现代人的生活。同时，也对古代艺术进行了现代化的解码，体现了时尚的轮回。

藏品随着时代的发展，被赋予了许多新意与价值。趣味化、艺术化的设计语言使产品变得更加耐人寻味，让人们在使用它们时可以很自然地联想到藏品的原型，使文化真正地走进了人们的日常生活。

2. 传统材料、技艺的再利用

材料是传达产品功能与特性的重要途径，也是体现设计师设计情感与设计意图的媒介。设计的主要职责之一，不单只是再现世界，而是通过对世界的再现，使人们能够从设计师的态度和角度去看这个世界。设计师在进行博物馆文创衍生品的设计时，可以借助材料的特质与优势，充分调动人的通感，帮助目标对象能够快速地在脑海中浮现出完整的材料信息，从而激发其情感上的共鸣。在材料的选取上，应优先考虑材料的环保性与合理性。

此外，文创产品的材料还需要与制作工艺相结合。材料、工艺与设计之间相互作用，构成了设计整体的调性。

3. 传统行为、生活方式、风俗的衍生

人本身皆生而不同。人的行为和需求受到生活方式、行为方式、环境等多方因素的影响，由此而产生世间万物。但是，从人的发展进程上来看，人的一生都是在围绕着生产与生活。如何能够存活以及如何更好地存活，一直都是人类终其一生需要解决的问题。基于这一方面的共通性，可以发现文化和生活都是一脉相承的，许多传统的行为、生活方式、风俗都得到了认可、传承和衍生。所以，无论是从"由物及物"的元素提取、再设计的设计思维，还是从"由事及物"的故事、题材的现代化演绎的设计思维出发，都可以引起公众的认知共鸣。

4. 藏品元素的提取、再设计与应用

元素提取的主要目标大多是辨识度较高的博物馆代表性藏品。通过提取藏品之中容易被辨别的纹饰、图样、肌理、色彩等元素，经过艺术设计与处理，可以生成新的创意点。在呈现方式上，通常会采取整体运用、局部放大、解构重组的方法，衍生创造出富有艺术价值与文化价值的高质量产品。

元素提取式的设计手法，普遍被应用在装饰感较强的设计之中。主要通过对藏品整体风格的把控，在保证不破坏其辨识度的原则上，从材质、颜色、功能等多个角度对产品的设计进行考量，以突出藏品的艺术美感、藏品特征与产品功能的匹配和契合为基本准则进行设计。

5. 故事的现代化演绎

历史文化多以故事的形式被保存和传承下来，有的来源于现实，有的来源于人的臆想。故事与题材在传承的过程中，主要通过语言文字和视觉符号的形式得以延续，随着社会的更迭被淘汰或被重新演绎赋予新意。故事与题材的演绎强调把故事作为文本与题材来对待，并以此作为带入点，将古今生活串联在一起，把博物馆中的故事、题材、角色本身这些无形的文化资产转换为文化创意的核心内容，丰富文化的内涵，赋予文化现代化的附加值，带来更多的价值。

6. IP 的塑造和延展

博物馆文创衍生品是博物馆文化的延伸，其 IP 塑造和延展具有重要意义。在 IP 塑造方面，要挖掘博物馆文化的独特性，将其融入衍生品设计中，形成独特的 IP 形象。同时，通过创意设计，赋予衍生品更多的文化内涵和艺术价值，使其成为具有吸引力和收藏价值的艺术品。在 IP 延展方面，可以利用博物馆文化的广泛性和多样性，将其拓展到更多领域，如游戏、动漫、旅游等，从而为博物馆文化带来更广泛的影响和传播。

7. 定制化设计

定制化设计是设计师或者设计团队为小众群体乃至私人而提供的专属服务，以用户的需求为设计准则，设计生产成本较高。随着人们对于高品质生活的追求，定制化设计已经逐渐成为未来发展的一种趋势，目前在首饰、家电、家居等行业中盛行。博物馆文创衍生品的定制化设计是一种结果导向型设计模式。它是以用户参与度作为前提和主导的，需要用户与设计师团队共同参与。信息的及时反馈可以使设计的专业性和用户的体验感得到最大限度的优化，同时可以推动文创产业的发展，解决严重的产品同质化问题，满足不同人群的需求。

第四节 博物馆文创产品文化产业运营

一、博物馆文创产品文化产业运营的意义

第一，传承和弘扬文化。博物馆文创产品是将博物馆的文化资源转化为实际产品的途径。这些产品以文化元素为基础，通过创意设计和艺术表达，传达博物馆的价值观、历史故事、艺术品位等。通过文创产品的设计和销售，博物馆能够将文化传统延续并传承给更广泛的受众，提高文化的传播力和吸引力。

第二，丰富博物馆体验。文创产品可以为博物馆的参观者提供额外的触觉、视觉和感官体验。除了观赏展品，参观者还可以购买与展览主题相关的文创产品，例如纪念品、艺术品、手工艺品等。这些产品可以激发参观者的兴趣和好奇心，使他们更深入地了解和体验博物馆的文化内涵。

第三，资金来源和自给自足。博物馆文创产品的销售可以为博物馆提供额外的资金来源。这对于博物馆的运营和维护非常重要，可以用于展览策划、展示设施的改善、教育项目的开展等。通过开发具有市场竞争力的文创产品，博物馆还可以实现自给自足，减少对政府拨款和赞助的依赖。

第四，文化产业的发展。博物馆文创产品的开发和销售，促进文化产业的发展。这涉

及设计师、艺术家、手工艺人、生产商等各个环节的参与。通过博物馆文创产品的生产和销售，创造了就业机会，推动了相关产业链的发展。同时，文创产品的市场需求也促进文化创意产业的创新和繁荣。

总的来说，博物馆文创产品的文化产业运营具有多重意义，不仅有助于文化传承和体验的丰富，还可以为博物馆提供经济支持，推动文化产业的发展。通过文创产品的运营，博物馆能够更好地实现其使命和目标，让文化资源与公众更紧密地联系起来。

二、博物馆文创产品文化产业运营的原则

"优秀的博物馆文创产品不仅要具有好的创意和灵感，形成一款深受社会公众喜爱的产品之后，还要充分结合市场消费需求，依托科学有效的营销模式，才能将好的文创产品推介出去，提升文创产品的品牌影响力和网红热度。"[①] 因此，博物馆文创产品是博物馆运营中的重要组成部分，它们不仅能够传承和弘扬文化，还能够为博物馆带来经济效益。在博物馆文创产品文化产业运营中，有一些关键原则需要被重视和遵循。

第一，博物馆文创产品的设计和研发应该注重文化内涵。博物馆作为文化传播的平台，其文创产品应该以文化为核心，突出展品的历史、艺术、科技等方面的特点，通过创意设计和技术手段，将文化内涵融入产品之中，使其具备独特的文化价值和吸引力。

第二，博物馆文创产品的制作和质量控制是运营的关键。作为文化产业的一部分，博物馆文创产品需要注重工艺和品质，追求精益求精的制作水平。产品的材质选择、工艺流程、生产环节等都需要严格把控，确保产品的质量和可持续性，以提升消费者的满意度和信任度。

第三，博物馆文创产品的市场营销要与目标受众相匹配。在产品推广和销售过程中，需要根据不同的目标受众进行定位和分析，确定适合的宣传渠道和营销策略。比如，对于年轻人群体，可以利用社交媒体和线上平台进行推广，而对于老年人群体，则可以选择传统媒体和线下渠道。同时，定期进行市场调研和消费者反馈，及时调整和改进产品的推广和销售策略。

第三，博物馆文创产品的价值定位也需要考虑。在定价策略上，应该综合考虑产品成本、市场需求、竞争情况等因素，确保产品的定价既能够回收成本，又能够提供合理的利润空间。同时，还需要注重产品的附加价值，通过提供独特的消费体验、增值服务等方式，提升产品的价值感和品牌影响力。

---

① 隋孟彦. 关于博物馆文创产品营销模式的创新性思考 [J]. 文物鉴定与鉴赏, 2023, (06): 112-115.

第四，博物馆文创产品的运营需要与博物馆整体发展相协调。博物馆文创产品的运营不仅仅是一个独立的商业活动，更应该与博物馆的核心使命和整体发展目标相契合。在运营过程中，需要与博物馆的展览、教育、活动等环节进行有效衔接，形成良性互动，实现博物馆的整体效益最大化。

总之，博物馆文创产品文化产业运营的原则包括注重文化内涵、制作质量控制、目标受众定位、合理定价和与博物馆整体发展相协调等。只有遵循这些原则，才能够推动博物馆文创产品的发展，提升博物馆的文化影响力和经济效益，实现文化产业的可持续发展。

三、博物馆文创产品文化产业运营的实践

近年来，博物馆文创作为博物馆事业发展的一项重要内容，其发挥的社会效应愈加凸显。下面分别以我国各地博物馆为例，解读博物馆文创产品文化产业运营的实践。

（一）博物馆文创产品文化产业运营的模式

目前，全国各地在落实推进博物馆的文创产业运营大致有以下四种模式。

第一，独立经营，如广东省博物馆等。此类情况因政策不明确，涉及法人问题，无法成立经营主体，最终采用由馆里直接设计生产销售模式。

第二，全额出资成立独资公司运营，如故宫博物院等。此类单位因在早期已经有注册成立公司，所以可以沿用原有的公司开展运营。以故宫博物院为首的有全资北京故宫文化发展有限公司，经营范围覆盖面很广，涉及游戏、餐饮、创意等范围。

第三，授权企业运营，如上海中国航海博物馆、南京市博物总馆等。此类由馆里进行授权给企业进行运营，南京市博物总馆授权文旅局下属的文旅控股公司负责运营，馆产业部负责协调监督，以分成的形式分配。

第四，博物馆与企业合资成立公司运营，如苏州博物馆等。苏州博物馆与苏州市博欣艺术品有限公司、苏州市文化经济发展总公司合资运营，按比例进行收入分配。

（二）博物馆文创产品文化产业的未来发展策略

1. 开发富有创意的展陈模式

在博物馆的经营过程中，最核心的传达方式以及能够对人们产生最直观的影响的就是博物馆的展陈模式。博物馆的展陈模式是否能够多种多样、灵活多变、蕴含深刻的含义等，这些主观以及客观因素都是游客能否被博物馆的文化所吸引的重要因素。

博物馆需要自从建馆以来，不断进行对外交流和学习，并且善于对标先进省市的成功

经验，来对自身进行补充和完善，把博物馆展陈的方向侧重在文化创意的运用和发挥。在今后的发展过程中，博物馆要继续加强对主题展厅的改造和提升，将展厅中要传播的文化内容再充实、再创造、再提升，适当地增加一些科学有趣的互动环节，要利用有效的创意活动来增加与游客之间的互动。

在博物馆文创运营的过程中，还要不断地进行调研和总结，要在不同的场合和内容上，征求更多游客的有效建议和意见，以主题展陈作为有力的抓手和核心内容，善于结合游客所想，举办更多具有前瞻性和创意性的临时展览，积极与当下的信息化时代相结合，充分利用智能化数据化手段来弘扬博物馆文化。通过这种富有创意的展陈模式，来改变游客对于传统博物馆呆板和沉闷的印象，提高游客对博物馆的感受力。

2. 积极开发文创产品

文创产品通俗地来讲，就是通过传统文物和藏品的再创造来进行文化的传播和弘扬，文创产品不仅可以将博物馆想要传达的思想进行表达和寄托，还可以带动博物馆的经济收益。博物馆在文创产业开发中，具备了得天独厚的优势和地位，是我国传播传统文化、弘扬民族正能量不可缺少的载体。在博物馆里，有着历史悠久、丰富多彩的文物和民俗藏品。今后博物馆在发展过程中，要打破这种尴尬的局面，将馆藏文物定位准确。文创产品的侧重点要放在后面的"创"，要以创意为契机，将博物馆的文化注入人们所关注的生活和工作中相关的产品。

博物馆提供的是一种自由的游览方式，民众更乐于购买一些具有特色的文化产品。故文创产品要突出闽台文化的特点，与专题展、临场展示相结合，打造博物馆的商标，让博物馆的产品具备文化内涵，能够在国内占有一席之地。博物馆要借鉴优秀博物馆文创运营的成功经验，配套相关的人才队伍和组织建设，以闽台文化为主题、文化创意为抓手、馆藏文物为依托进行文创产品的设计和二次开发，为两岸文化交流创造更多的精品。

3. 多措并举大力发展文创产业

（1）博物馆在发展过程中，要加强队伍建设和机构建设，配齐、配强硬件措施，提高人才队伍质量。博物馆的领导班子要充分转变思想，发展博物馆文创产业运营新模式，共同寻求可持续化发展的道路。博物馆在发展的过程中，也在不断地更迭和创新，在"以人为本"思想的引领下，将新博物馆理论与体验经济思潮相结合，可以对博物馆发展起到积极的作用。

（2）在资金方面，博物馆应积极争取资金方面的支持。根据相关政策和措施，博物馆还要加强与当地其他组织之间的交流与合作，充分利用社会各界的力量，来拓宽文创产品的渠道、拓展文创产品的内容。比如，可以在项目建设期间，引入一定的社会资金与合作力量，在销售渠道上也要下功夫，充分利用现代化电商大环境来进行销售的精准定位。文创产品要体现品牌个性，塑造品牌，创造商业价值，同时提高品牌知名度和影响力，这样，博物馆文创产品的影响力及其赋予的文化价值才能得以实现。要建立"线上+线下"的销售点，全方位多渠道地进行文创产品的营销工作。

（3）建立博物馆文创产业绩效考评机制的。任何一项工作都需要有相应的制度来作准绳，文创产业运营也是这样，需要配套相应的奖惩措施来充分调动工作人员的积极性，要在博物馆营造一种良性竞争的浓厚氛围，提升文创人员的业务能力，充分转变思想，利用好博物馆有形和无形的资源，积极探索与当今时代相适应的现代经营管理制度和人事调配制度。

第六章 博物馆文物保护传播渠道应用

第一节 博物馆的媒介与文化传播

一、博物馆的媒介特征及构成

媒介是传播学的核心概念之一,传播媒介是艺术作品的公共传播介质,由传播机构和传媒介质构成。一方面,传播机构是艺术的公共传播通道,通过选择、制作、复制、传递和展映等方式,将艺术作品由私人领域引领至公共领域,从而建构起艺术传播的公共空间;另一方面,传媒介质是文化传媒产品的媒质,在为艺术作品提供物质容器的同时,也使艺术作品获得了文化传媒产品的身份。在大众传播蓬勃发展的今天,新媒体手段层出不穷,博物馆成为观众领略、理解、诠释和尊重文化的媒介,将人类历史和精神文明代代传承。博物馆在传达各种信息的过程中往往需要借助其他媒体的力量,进而充分体现传播的价值和力量。

(一)博物馆的媒介特征

1. 持续的内容生产

博物馆的使命就是在这瞬息万变的世界上收集和展示有价值的艺术品,提供一个展示当下与过去之间不间断的文化传承的场所,这是博物馆作为媒介的传播主体最重要的特征。传播学中常常提到"内容为王",无论是传统媒体还是新媒体,媒介形式永远替代不了传播内容的重要性。

对博物馆而言,受众来这里的原因是"参观展览",常设展览和特展巡展都是持续不断的内容生产。博物馆通过展览的策划,促发新的观点,启发新的学术导向,催发新的知识增长点。知识是累加型的,通过不断的积累,可以实现从量变到质变、从量的关联到质的飞跃。

2. 博物馆具有文化信息交换体系

博物馆不同于一般的媒介如报刊、电视，它是依赖观众日积月累的"依恋"而达到大众化的传播效果，实现文化的传承性和民主化。博物馆的媒介本身也是文化的组成部分，它参与建构着城市文化和国度文明，同时又通过巡展和特展与其他博物馆进行着异域文化信息的交换与跨文化传播。在这个交换体系中，受众的品位通过对展览的评价和参与度反馈给博物馆和策展人；博物馆以各种形式的展览和社会公共文化活动构建起艺术与生活、历史文化与当代文化的交流互动平台。

3. 博物馆具有针对受众的意义阐释

媒介是表意的工具，通过表意过程建构意义，呈现给听者关于世界的图景。博物馆中的各种展览具有多种不同的意义系统，契合了文化取向的传播观，即"将传播看成共享意义和空间的建构过程"。博物馆不仅促使受众形成对艺术史的洞察力，同时它也是对我们人类自身的审视。其"隐性"内容具有隐喻性质，即在艺术品和展览中隐藏的意识形态、价值观、精神能量、情感等内容，需要受众去意会，而且受众中也有各不相同的阐释群体，每个意义系统都需要单独阐释，不同受众获得的启迪相差巨大。

博物馆是一种"代表地点和身份认同的地点"，同时也是这种集体记忆的"文化客体化"。在博物馆中总是有特定的文化产物被挑选出来进行公开的保存和展示，并最终传承于后世。博物馆空间的展示总是显示着时间的绵延，展品的时间维度与特定的文化记忆相联系，参观者在其间的参观活动则作为对某种集体性文化的回忆，同时也进行个体的意义投射。博物馆媒介空间通过规制其间的展陈和参展活动，参与到特定的共同体对自己的历史与身份的讲述之中。在这个过程中，议程设置理论发挥着重要作用，即展览是否符合当下的社会语境、地域文化、公众接受程度、民族价值观念等。新媒体技术被引入博物馆后，促成博物馆与参观者之间建立起协商、对话关系，从而拓展出更为丰富多样的参观者叙事话语，在赋予受众能动性和选择性的同时使得针对受众的意义阐述更多元化和多样化。

4. 博物馆具有情感共鸣的艺术语境

艺术是情感与形式的统一，艺术活动的终点在于内在价值的获得，艺术传播寻求各种表现形式以增强表现力，其目的是唤起受众的情感共鸣，这是艺术传播与大众传播的区别。在艺术传播活动中，依据拟态环境理论，一是创设艺术品语境和氛围；二是艺术品被放在展厅里的时候，会因为空间以及陈列方式的变化而衍生出新的语境。有些作品对观者的影响会随着观赏的深入而愈加强烈，特别是其中富含的深意和道德张力，正是内涵和形式的完美统一赋予了作品这些情感力量。

（二）博物馆的媒介构成

1. 空间

空间是博物馆媒介的首要构成元素。有了建筑和空间，才有承载文化和内容的场所。媒介空间可以分为三个层次：①有形的可感知的物质空间；②主观的意象空间；③物质与经验的交错空间。

博物馆具备这三个层次的空间，并且不同层面具有相应的议程设置：①国家、地域文化和民族信仰的层面；②博物馆建筑风格和建筑外部空间的层面；③博物馆内部空间及展线的议程设置。空间是可见实体要素限定下所形成的不可见的虚体与感觉到的人之间所产生的视觉的"场"，是源于生命的主观感觉。空间是一种传播环境，包含着情境创设、拟态环境、空间叙事等，多种元素共同营造出博物馆外在的传播力。

2. 文化

博物馆是文化融合的重要标志，也是文化传播的平台，中西文明相互学习、相互借鉴密切了双方的联系。这个过程的实质是传播，借助了很多让人过目不忘的艺术品媒介，最终进入受众的情感层面。视觉文化分析切入博物馆的传播领域，以展览、展品、展板等显性的传播内容作为研究对象，深入探索博物馆的艺术场域营造及视觉传播策略。而在这些显性物背后的"文化"更具有隐性的特点，涉及观看展览与情感传达、受众对艺术展品的文化记忆与文化认同、博物馆的集体记忆、运用博物馆传播民族地域文化等深层次内容。在所有媒体的展示中，作品与观众的互动揭示了人与物的情感传达。

3. 内容

博物馆内容传播体系的重要组成部分是视觉传播的内容。无论是视觉空间，还是艺术展品，抑或是展板多媒体文字说明，视线所及之处均涵盖视觉传播。视觉传播的主体是参观者，客体是观看的"物"，而其中"观看之道"却因人而异、千差万别。在博物馆逐渐从精英阶层走入大众视野，实现艺术民主化、大众化的时代，国内外的博物馆均采用各种方式吸引受众。无论是媒体增加发布展览信息，还是设计更多的交互活动，甚至是延长开放时间，受众走入博物馆后的首要问题还是艺术素养的提升以及视觉艺术享受。

二、博物馆文化传播的特征与模式

（一）博物馆文化传播的特征

第一，博物馆文化传播具有可选择性。博物馆展现在参观者面前的藏品，都是经过博物馆工作人员及专家学者有针对性和目的性地选择的,有着很强的教育功能和传播价值。由此可见,博物馆的文化传播具有可选择性,也从侧面反映出博物馆的文化传播可以达到高品质和深层次的传播效果。

第二,博物馆文化传播具有真实性。博物馆中的收藏对象是真实存在的实体物品。不同历史时期和社会背景下形成的藏品,无论是在制作、装饰还是在使用功能上都有着较大的差异,而同类器物在不同时期形制上的演化过程,也代表着文明发展的进程。参观者在参观与欣赏的过程中,可以真实地感受到蕴含在藏品中的历史文化内涵。由此表明,博物馆在文化传播中有很强的真实性。

第三,博物馆文化传播具有系统性。一方面,一个区域的发展过程通常可以通过当地的博物馆完整且系统地呈现出来;另一方面,博物馆文化传播并非偶然性传播,而是通过展陈、讲解、社会教育活动等多样性的系统安排呈现出来的。博物馆工作人员通过创意策展并经过标准有序的管理与操作,将博物馆的文化资源深入全面地展现给参观者,从而形成博物馆传播文化与参观者接受文化的稳定关系。

(二) 博物馆文化传播的传播模式

博物馆作为文化传播的重要场所,扮演着收藏、研究、展示和传承人类文明的角色。它们不仅仅是收藏文物的场所,更是通过展览、教育和互动活动等形式,向公众传播文化知识和价值观念。博物馆的传播模式是博物馆与公众之间相互交流和互动的方式和途径,旨在激发公众对文化的兴趣和参与度。

第一,展览是博物馆文化传播的重要方式之一。通过策划精心设计的展览,博物馆能够将珍贵的文物呈现给观众,引发他们对历史、艺术和科学等领域的好奇心。展览的内容和形式多样化,既可以是固定展览,也可以是临时展览,从而满足不同观众的需求和兴趣。通过展览,博物馆不仅向观众传递文化信息,还能够利用展品的故事性和艺术性,引起观众的情感共鸣,增加他们的参与感。

第二,教育活动也是博物馆文化传播的重要组成部分。博物馆通过举办讲座、研讨会、工作坊等形式的教育活动,向观众传授专业知识和技能。这些教育活动不仅能够增加观众的文化素养,还能够提供亲身体验和参与的机会,使观众更加深入地了解文化内涵。此外,博物馆还开展学校教育项目,与学校合作,将文化教育融入学生的学习中,培养他们的文化意识和创造力。

第三,互动体验也是博物馆文化传播的重要方式之一。博物馆通过运用现代科技手段,如虚拟现实、增强现实和交互式展示等,提供观众与文物之间的互动体验。观众可以通过触摸屏、游戏、模拟器等互动设备，参与到展览中，与文物互动、体验和探索。这种互动体验不仅能够增加观众的参与感和趣味性，还能够使观众更加深入地理解和感受文化内涵。

第四，博物馆还通过社交媒体和网络平台等渠道，进行在线文化传播。博物馆可以通过在社交媒体上发布展览信息、文物介绍和相关活动，吸引更多的观众关注和参与。此外，博物馆还可以通过建立数字化展览和在线学习平台，将文化资源和知识延伸到网络空间，使更多人可以随时随地获取文化信息和教育资源。

总之，博物馆文化传播的传播模式是多元化和多层次的。展览、教育活动、互动体验和在线传播等方式相互结合，形成了一个立体化的文化传播网络。这种传播模式不仅能够向观众传递文化知识和价值观念，还能够激发观众的兴趣和参与度，促进公众对文化的理解、传承和创新。博物馆作为文化传播的重要阵地，将继续发挥重要的作用，推动文化的传播和交流。

三、博物馆的媒介文化传播策略

"媒介技术正在不断介入博物馆文化传播实践，并有效推动着博物馆文化信息的传播进程。"[①] 因此，博物馆需要统筹自己的传统媒体与新媒体、线下媒体与线上媒体，根据于不同的媒介自身的特点和受众的特点，按照公众的需求合理选择媒体的运用进行信息的分流，拓展媒介形象传播的渠道，将媒介形象进行侧重地展示，并能通过渠道的融合来进行合体，通过不同的媒介进行多样化的呈现，吸引需求多样化的公众，将文化以"一网打尽"的方式传承下去，丰富博物馆的文化传播手段。

（一）报刊图书的文化传播策略

报刊图书是传统而重要的媒介形式。博物馆通过撰写专题文章、出版展览目录、推出图书和期刊，以及与报社合作举办专题报道等方式，将博物馆的收藏和展览内容传播给更广泛的读者群体。这些出版物不仅提供了深入了解博物馆文化的机会，还可以作为学术研究和文化交流的重要参考资料。比如，近年来，故宫博物院组织编辑和出版了各种图书画册、定期刊物，向社会各界介绍故宫的宫殿建筑，文物收藏和艺术精品，即《故宫博物院藏历代名画集》、《故宫藏瓷选》、《国宝》、《紫禁城宫殿》、《清代宫廷生活》、《国宝荟

[①] 王夏歌，林迅.时空建构与时空渗透：论博物馆文化传播的媒介技术逻辑[J].艺术百家，2020，36 (05)：55.

萃》、《故宫博物院藏珍品文物全集》（共60卷，已出版18卷）、"宫里过年"系列图书、《故宫博物院藏明清家具全集》、《故宫画谱》等，不胜其数。刊物有《故宫博物院院刊》《紫禁城》《故宫学刊》等。因此，博物馆报刊图书的文化传播策略可以通过以下六个方面来实施。

第一，多样化的内容。博物馆报刊图书应该提供多样化的内容，涵盖各个领域的艺术、历史、科学等主题。这样可以吸引更广泛的读者群体，并且满足他们的不同兴趣和需求。

第二，专业性和权威性。博物馆报刊图书应该具备专业性和权威性，通过深入研究和准确的信息传达，提供高质量的文化知识。这可以增强读者对博物馆报刊图书的信任感，并且吸引那些追求深入了解的读者。

第三，创新的形式和展示方式。博物馆报刊图书可以采用创新的形式和展示方式，如图文并茂、插图、互动内容等，以提升读者的阅读体验。这些创新元素可以使读者更加愿意阅读，并且更好地理解和欣赏文化艺术。

第四，多渠道的传播。博物馆报刊图书应该利用多种渠道进行传播，包括印刷版、电子版、社交媒体等。这样可以扩大影响力，吸引更多的读者参与，并且使文化知识更加广泛地传播开来。

第五，教育性和娱乐性的结合。博物馆报刊图书可以将教育性和娱乐性相结合，使读者在学习文化知识的同时也获得乐趣和享受。这样可以增加读者的参与度和持续阅读的兴趣。

第六，与其他机构合作。博物馆报刊图书可以与其他相关机构合作，如学校、图书馆、文化机构等，共同推广文化传播活动。通过合作，可以扩大资源共享和受众群体，增加文化传播的影响力。

总的来说，博物馆报刊图书的文化传播策略应该注重内容质量、阅读体验和多渠道传播，以吸引读者、提升影响力，并且促进文化知识的传播和交流。

（二）广播电视的文化传播策略

广播电视是博物馆传播策略中的重要渠道。博物馆可以与电视台、广播电台合作，制作专题节目或短片，介绍博物馆的展览、收藏和研究成果，吸引更多观众的关注。同时，博物馆还可以利用电视广告、电视文化节目等途径，在电视媒介中进行品牌宣传和形象塑造。如故宫博物院利用广播电视的方式取得了良好的效果，如故宫博物院通过《故宫藏300年稀世珍宝成功复制》《故宫》《故宫100》《我在故宫修文物》《国家宝藏》等一系列广播电视作品，让大众了解文物历史，了解皇家文化，了解中华艺术，传承中华文化。因此，博物馆广播电视的文化传播策略可以涵盖多个方面，以下是一些建议。

第一，制作文化节目。博物馆可以与广播电视媒体合作，制作文化节目，介绍博物馆的收藏品、展览和相关的文化历史知识。这些节目可以包括讲解、专题报道、访谈等形式，通过生动的方式向观众传达文化信息。

第二，直播活动。博物馆可以定期在电视台进行直播活动，例如展览开幕式、专题讲座、学术研讨会等。通过直播，观众可以实时了解博物馆的最新动态，参与到文化活动中。

第三，多媒体展示。博物馆可以在电视台上展示多媒体内容，如高清影像、虚拟现实技术等，将观众带入一个沉浸式的文化体验中。这种形式可以更好地展示博物馆的收藏品和展览，吸引观众的兴趣。

第四，文化教育节目。博物馆可以与电视台合作制作文化教育节目，例如解读历史事件、介绍文化艺术等。通过这些节目，观众可以学习到更多关于文化的知识，并增强对文化遗产的认知和理解。

第五，社交媒体推广。博物馆可以通过社交媒体平台与观众互动，分享展览信息、文化知识和博物馆的故事。电视台可以与博物馆合作，在电视节目中宣传和引导观众关注博物馆的社交媒体账号，增加博物馆的曝光度和影响力。

第六，合作项目。博物馆可以与电视台合作举办文化活动，如主题展览、影视作品展映等。这样的合作可以吸引更多观众参与，并通过电视媒体的传播效应扩大影响范围。

第七，定制节目。博物馆可以根据自身特点和收藏品内容，与电视台共同制作定制节目，以满足不同观众群体的需求。例如，针对儿童、青少年、学术界等不同人群制作专题节目，提供更有针对性的文化传播服务。

这些策略可以帮助博物馆通过广播电视媒体更好地传播文化信息，吸引更多观众参与，提高公众对文化遗产的关注和认知。

（三）户外广告及其他的文化传播策略

户外广告是一种常见的宣传方式，博物馆可以利用城市公共空间、交通枢纽等地点悬挂广告牌、展示海报，吸引行人和交通参与者的注意。此外，博物馆还可以通过赞助文化活动、在公共场所举办展览或文化活动等方式，扩大宣传范围，吸引更多人群参与。如曾展现在北京国贸地铁站总长135米的"故宫雪景长卷图"的海报，突破了以往传统海报的局限性，增强了互动性和交互性，在平面的画卷中通过互动技术滑轨呈现故宫雪景与头条频道的动态内容，用形象化的图画将故宫的历史感、美感尽然展示。因此，博物馆户外广告及其他的文化传播策略如下。

第一，制作引人注目的户外广告。博物馆可以在市区的繁忙街道、公共交通站点和其他人流密集的地方放置广告牌，吸引人们的注意力。广告内容应该简洁明了，以吸引目标观众的兴趣。

第二，利用公共交通工具。博物馆可以与公共交通公司合作，在公交车、地铁和出租车上放置广告，让更多人接触到博物馆的信息。

第三，与其他机构合作。博物馆可以与当地的商业机构、学校和社区组织合作，在它们的场所展示博物馆的广告，增加曝光度。

第四，街头宣传活动。博物馆可以组织街头宣传活动，如举办展览预展、艺术表演或文化活动，吸引路人的关注，并宣传博物馆的特色。

第五，利用户外活动。博物馆可以参与当地的节日庆典、文化活动或街头艺术展示，以展示博物馆的文化价值，并吸引观众参观博物馆。

（四）官方网站的文化传播策略

官方网站是博物馆进行在线展示和信息传播的重要平台。博物馆可以在网站上发布最新的展览信息、教育活动、收藏介绍等内容，提供在线预约、导览服务，并与观众进行互动交流。通过定期更新网站内容和丰富多样的互动方式，博物馆可以吸引更多观众参观，同时提升其在网络传媒中的知名度和形象。如故宫博物院通过不同版本的官网，满足不同文化背景、不同年龄段的受众的需求，不断改进应用功能，提高服务的质量，在树立自身形象的同时，促进故宫文化的传播，尤其是官网提供的全景虚拟游览、利用数字技术手段实现观众的"在场"和"身临其境"，日渐多元化的内容展示和应用功能实现与受众"在场"互动，增强了文化氛围和文化的传播力。因此，博物馆官方网站的文化传播策略如下。

第一，提供详细而吸引人的内容。博物馆官方网站应该提供丰富的内容，包括展览信息、艺术品介绍、教育项目、活动安排等。这些内容应该以吸引人的形式展示，如图像、视频和故事，以吸引用户的兴趣。

第二，设计易于导航的网站结构。网站的导航结构应该清晰简洁，使用户能够轻松找到所需的信息。提供搜索功能和导航菜单，以帮助用户浏览网站。

第三，互动和参与。博物馆网站可以提供在线活动、互动展览和数字艺术体验，让用户积极参与并分享他们的体验。

第四，多语言支持。如果博物馆位于多语言地区或有来自不同国家的游客，网站应提供多语言支持，以方便更多人访问和了解博物馆。

第五，社交媒体整合。在网站上嵌入社交媒体链接和分享按钮，以便用户可以方便地与博物馆的社交媒体账号互动和分享内容。

（五）微博、微信的文化传播策略

微博和微信等社交媒体平台成为博物馆传播策略中不可或缺的一部分。博物馆可以通过开设官方微博、微信公众号，发布展览资讯、互动活动等内容，并与粉丝进行互动交流。通过社交媒体的分享和传播，博物馆可以更好地触及年轻人群体，提升品牌知名度，形成良好的口碑效应。如故宫博物院通过开通微博和微信公众号，通过微博、微信账号，用亲民化、具有辨识度的形象和趣味性的立体式传播，将皇家形象生动有趣地呈现在公众面前。因此，博物馆微博、微信的文化传播策略如下。

第一，定期更新内容。博物馆微博和微信公众号应该定期发布更新内容，包括展览信息、活动通知、文化知识、艺术品介绍等，保持粉丝的关注和参与。

第二，利用多媒体形式。在微博和微信上分享图像、视频和音频，以满足用户的视听感受，并提供更多的信息和娱乐价值。

第三，互动和参与。博物馆可以通过微博和微信与用户互动，回答他们的问题，征集意见和建议，并邀请他们参加博物馆的活动和互动展览。

第四，跨界合作。与其他相关领域的微博和微信账号进行合作，共同举办活动或推广内容，扩大博物馆的影响力和受众群体。

第五，活跃社群管理。博物馆应积极管理微博和微信社群，回复用户的留言和评论，保持与粉丝的互动，增加用户黏性。

（六）短视频的文化传播策略

随着短视频平台的兴起，博物馆可以通过制作精美的短视频来展示展览亮点、艺术品背后的故事，以及参观者的体验。这种形式的传播方式更加生动有趣，能够吸引年轻观众的关注和分享，扩大博物馆的影响力。如故宫博物院借助于抖音进行传播，开通抖音账号"故宫博物院文化创意馆"，以中华传统文化为基础，以视频形式推广故宫的文物藏品和周边创意产品，形象生动，颇有趣味。营造文化氛围，把抽象的文化转化为真实、鲜活、形象的符号，让受众在娱乐中潜移默化地了解文化。因此，博物馆短视频的文化传播策略如下。

第一，制作精美的短视频内容。博物馆可以制作精美的短视频，介绍展览、讲解艺术品或展示文化活动。视频应具有吸引力、信息量大，并能够在短时间内引起观众的兴趣。

第二，平台选择。将短视频分享到热门的视频分享平台，如抖音、快手等，以扩大观众的范围。同时，也可以在博物馆的官方网站和社交媒体平台上发布短视频。

第三，增加互动和参与。在短视频中添加互动元素，如投票、问题征集或用户挑战，以吸引观众积极参与和分享。

第四，利用用户生成内容。鼓励观众在社交媒体上分享与博物馆相关的短视频，并通过相关标签或活动的方式进行收集和展示，增加用户参与感和传播效果。

第五，利用明星或意见领袖的影响力。邀请知名明星或相关领域的意见领袖参与博物馆短视频的制作和宣传，以提高视频的曝光度和影响力。

（七）移动应用 APP 的文化传播策略

移动应用 APP 为博物馆提供了更多创新的传播方式。通过开发博物馆专属的移动应用，观众可以在手机上获取展览导览、语音解说、互动游戏等功能，提升参观体验。同时，博物馆还可以利用 APP 推送最新的展览信息、优惠活动等，增加观众的参与度和黏性。如故宫博物院通过出品 APP，将历史故事、文物藏品、宫殿建筑、人物服饰等结合起来，用创新的方式展示立体的故宫形象，在互动中传播故宫文化；注重虚拟现实技术的应用，让受众进行沉浸式体验，在虚拟全景的展览中，增强对于文物藏品的兴趣，自主探索相关内容。故宫 APP 利用年轻态多元化的信息传播方式，让故宫里的文物藏品、皇家生活、故宫文化、人物历史"活"起来了，以灵活的方式传播传统文化，突破传统的"在场"理念，通过技术的加持，实现大众的线上游故宫、线上学故宫文化、线上观文物展览，拉近故宫、馆内文物藏品、宫殿建筑、历史文化与现代大众之间的距离，以年轻化的方式促进传统文化的传播和历史文物背后情感故事的传递。因此，博物馆移动应用 APP 的文化传播策略如下。

第一，提供丰富的内容和功能。博物馆移动应用 APP 应该提供丰富的内容和功能，如虚拟导览、艺术品解读、展览预览、活动报名等，以满足用户对博物馆的各种需求。

第二，个性化推荐和定制化体验。利用用户数据和智能算法，为用户提供个性化的推荐内容和定制化的参观体验，增强用户的参与感和满意度。

第三，互动和社交功能。在移动应用 APP 中添加互动和社交功能，如用户评论、点赞、分享和用户生成内容的展示，让用户可以与其他用户交流和分享体验。

第四，教育和学习资源。博物馆移动应用 APP 可以提供教育资源和学习材料，如在线课程、学术讲座、文化知识测试等，为用户提供学习和深入了解的机会。

第五，积分和奖励机制。通过设置积分和奖励机制，鼓励用户在移动应用 APP 上参与活动、完成任务和分享内容，增加用户黏性和活跃度。

(八) 电商文创的文化传播策略

电商文创是博物馆扩大文化产品销售和品牌推广的重要途径。博物馆可以开设官方电商平台，销售与博物馆相关的图书、纪念品、艺术品复制品等产品。通过与知名设计师、艺术家合作，推出独特的文创产品，博物馆可以吸引更多观众和文化爱好者，增加博物馆的收入来源。如 2016 年故宫博物院创立"故宫博物院文创旗舰店"，分为故宫文创、故宫出版和故宫票务活动三个模块，主打"紫禁城生活美学"，将故宫内的知名藏品进行创意产品开发，在对故宫文化深入挖掘中，将传统美学以创意的方式融入现代生活，整体走精致文雅的风格路线。"故宫淘宝"主要售卖"萌萌哒"系列的文化创意生活用品，从伴手礼到彩妆，融入大众的生活，呈现亲民的风格路线。"萌化"的文创产品加之社交媒体上的"卖萌"营销，故宫淘宝实现了最大的宣传效果，最大限度地让文物"活"起来，让故宫文化走近大众，融入大众生活。因此，博物馆电商文创的文化传播策略如下。

第一，精心设计的文创产品。博物馆可以推出精心设计的文创产品，如书籍、纪念品、艺术品复制品等，以突出博物馆的文化特色和独特价值。

第二，产品展示和宣传。在博物馆官方网站、社交媒体平台和其他线上渠道上展示文创产品的图片和介绍，并加入故事性的宣传文案，吸引用户的关注和购买意愿。

第三，跨界合作。与知名设计师、艺术家或品牌进行合作，共同推出限量版或特别定制的文创产品，增加产品的独特性和收藏价值。

第四，线上销售渠道。在博物馆官方网站或其他电商平台上设立线上销售渠道，方便用户购买文创产品，并提供多种支付方式和物流配送选项。

第五，用户评价和分享。鼓励购买者在博物馆官方网站或社交媒体上进行产品评价和分享体验，增加产品口碑和影响力。

(九) 网络直播的文化传播策略

网络直播为博物馆提供了全新的传播方式。博物馆可以利用直播平台，实时直播展览、讲座、教育活动等内容，观众可以通过网络观看和参与互动。网络直播不受地域限制，能够吸引更多观众参与，同时也为博物馆提供了与观众进行实时互动交流的机会。如故宫博物院在 2016 年便开始了网络直播，通过网络直播的方式将流光溢彩、灯火通明的

"紫禁城上元之夜"的盛况展示给在线的观众,观众可以通过弹幕实时发表意见和评论,共赏千里之外的故宫。故宫的直播吸引公众的关注,是故宫将自身的厚重文化底蕴结合创意元素与前沿科技进行交互交融的结果,这展现了故宫让文物活起来、走近公众的一面。因此,博物馆网络直播的文化传播策略如下。

第一,定期举办网络直播活动。博物馆可以定期举办网络直播活动,如展览。

第二,开幕式、讲座、工作坊或与艺术家的对话等。通过直播形式,使观众能够远程参与和互动。

第三,多平台同步直播。将网络直播活动同步在博物馆的官方网站、社交媒体平台和其他在线直播平台上进行,扩大直播的覆盖范围,吸引更多观众。

第四,互动和参与。在网络直播中提供互动和参与的机会,如观众提问环节、在线投票或观众挑战等,增加观众的参与感和互动体验。

第五,多语言支持和字幕。如果博物馆的观众来自不同的语言背景,可以提供多语言支持和字幕,以便更多观众能够理解和参与直播活动。

第六,直播回放和分享。将网络直播活动的录播视频保存,并在博物馆的官方网站和社交媒体上进行回放和分享,让无法参与直播的观众也能够观看和分享内容。

总之,博物馆通过充分利用传播媒介,能够更好地传播文化内涵,吸引观众参与,提升品牌形象,推动文化传承与交流的发展。

第二节 博物馆文物保护全民参与机制的构建

一、博物馆文物保护全民参与的意义

文物保护和传承是一项系统性、需要全民参与的社会工作。"我国应当借鉴其他国家或地区的经验,构建并完善我国文物保护的公众参与制度。"[①] 博物馆文物保护的全民参与具有重要的意义。下面是一些相关观点。

第一,文化传承与认同。全民参与博物馆文物保护可以促进文化传承和认同。文物是一个国家、一个地区的宝贵文化遗产,保护和传承文物有助于加深人们对自己文化根源的

---

① 梁岩妍. 我国文物法律保护公众参与制度构建路径的思考 [J]. 石家庄铁道大学学报(社会科学版), 2015, 9 (02): 81.

认知和理解,增强文化认同感和自豪感。

第二,教育与知识传播。博物馆扮演着教育和知识传播的重要角色。通过全民参与文物保护,可以提高公众对文物的认知和理解,加深对历史、艺术和文化的认识,培养人们的文化素养和审美能力。

第三,社会参与与民主意识。全民参与文物保护可以促进社会参与和民主意识的培养。文物保护不应该只是专家和机构的事情,而应该是整个社会的责任和参与。通过让公众参与决策、参与保护和修复工作,可以培养社会的公共参与意识,加强社会团结和民主意识。

第四,旅游与经济发展。文物保护与旅游业和经济发展密切相关。博物馆和文物本身是重要的旅游资源,吸引着大量的游客和投资。全民参与文物保护可以提高公众对文物的重视和保护意识,促进可持续的旅游发展,带动当地经济的繁荣。

第五,文物保护技术的发展。全民参与文物保护可以促进技术的创新和发展。公众的参与可以提供更多的观点和创意,推动文物保护技术的研究和应用,促进保护工作的进一步提升和创新。

总之,全民参与博物馆文物保护具有深远的意义。它不仅可以促进文化传承和认同,教育和知识传播,培养社会参与和民主意识,还可以促进旅游业和经济发展,推动技术创新和发展。通过全民参与,我们可以共同守护和传承宝贵的文化遗产,为未来的世代留下丰富的历史与文化瑰宝。

二、博物馆文物保护的全民参与机制构建策略

为构建博物馆文物保护的全民参与机制,可以采取以下策略。

第一,教育与宣传。通过举办各种形式的文物保护教育活动和宣传活动,增加公众对文物保护的认识和重视。例如,组织文物保护知识讲座、举办文物保护展览、制作文物保护宣传册等,向公众普及文物保护的重要性和方法。

第二,志愿者参与。建立并扩大博物馆志愿者队伍,吸引更多公众参与文物保护工作。志愿者可以参与文物清理、整理、保护、展览等各个环节,通过实际参与,提升公众对文物保护的体验和认同。

第三,社区合作。与当地社区建立合作关系,共同参与文物保护工作。可以开展社区文物保护项目,组织社区居民参与文物保护的实践活动,加强公众与博物馆之间的互动和合作,提高公众对文物保护的参与意识和责任感。

第四,数字化技术应用。利用数字化技术,将文物保护的信息和资源进行在线共享,

打破时空限制，让更多人参与文物保护。例如，建立文物保护的虚拟展览平台，开展在线文物保护培训课程，提供文物保护的数字化资源等，让公众可以随时随地了解和学习文物保护知识。

第五，政策支持与激励措施。制定相关政策，鼓励和支持公众参与文物保护工作。可以设立文物保护志愿者奖励机制，给予志愿者一定的荣誉和奖励，激励更多人积极参与文物保护。同时，加强对文物保护工作的资金支持和政策扶持，为全民参与提供良好的环境和条件。

总之，建立一个全民参与的博物馆文物保护机制，增强公众对文物保护的认同感和责任感，共同保护和传承宝贵的文化遗产。

第三节 博物馆文物保护"短视频+直播"传播体系的构建

在当今数字化时代，短视频和直播已成为互联网传播的热门形式。这两种媒体形式的结合不仅在社交媒体平台上赢得了大量用户的青睐，而且在各个领域都展现出了巨大的潜力，其中包括博物馆文物保护。在构建博物馆文物保护的传播体系时，将"短视频+直播"相结合，将为传统博物馆呈现全新的发展机遇。

结合短视频和直播，可以构建一个更加完整和多样化的博物馆文物保护的传播体系。博物馆可以通过制作短视频，将文物的魅力传达给观众，并引导他们进一步了解和关注。而直播则可以提供一个互动的平台，让观众有机会与博物馆进行实时交流和互动，加深他们对文物的认知。此外，短视频和直播还可以相互补充，短视频可以作为直播的预热和回顾，而直播则可以通过短视频的宣传吸引更多观众参与。

博物馆将"短视频+直播"融合为一体，通过构建博物馆自身的融媒体系统，不断完善自身的融媒体网络，取得了良好的传播效果，形成"线下+线上"的融媒体网络格局。"短视频+直播"模式凭借阅读便捷、互动性强、传播范围广、创作门槛低等特点，在各行业有广泛的融合应用。博物馆的"短视频+直播"传播模式也取得了良好效果，通过VR、AR、MR、AI等技术，将博物馆中冰冷的展物形象化、立体化，使博物馆文物"活"起来、"动"起来。"短视频+直播"具备社交属性，通过点赞、评论、转发、合拍、直播弹幕等，能够极大满足用户的社交需求，一系列的线上活动也能够激发用户的参与积极性，激发用户对博物馆的探索欲望，吸引更多群众前往线下博物馆参观游览，通过深度互动，强化博物馆的传播广度与深度。

当然，在构建博物馆文物保护的"短视频+直播"传播体系时，也需要注意一些问题。首先是内容的质量和准确性，博物馆在制作短视频和直播时应确保信息的真实性和可靠性，避免误导观众；其次是平台的选择和管理，博物馆需要选择适合的社交媒体平台和直播平台，并进行有效的管理和运营，以确保传播效果的最大化。

总之，构建博物馆文物保护的"短视频+直播"传播体系是一个融合传统与现代的创新尝试。这种传播方式可以帮助博物馆更好地展示文物，吸引更多观众的关注，并加深人们对文物保护的认识。通过充分利用短视频和直播的优势，博物馆可以为文物保护事业带来新的发展机遇，并为观众带来更加丰富和互动的体验。

参考文献

[1] 常丹婧. 博物馆展览中的观众参与：内涵、方式、困境与对策［J］. 东南文化，2023，（02）：150-156.

[2] 陈冬梅，马亮亮，张献明. 无损光谱技术在文物保护中的应用进展［J］. 光谱学与光谱分析，2023，43（02）：334-341.

[3] 陈淼. "国潮"何以"出圈"：基于博物馆文创短视频的内容考察［J］. 中国电视，2023，（05）：107-112.

[4] 董讨玲，杨富巍，刘妍. 烷氧基钙材料在石质文物保护中的应用研究进展［J］. 化工新型材料，2022，50（10）：27-30.

[5] 冯向伟. 博物馆文物修复档案的管理［J］. 东南文化，2022，（05）：183-189.

[6] 葛家琪，马伯涛. 中国博物馆收藏文物一体化防震技术研究进展［J］. 中国博物馆，2021，（01）：10-16+126.

[7] 龚德才，乔成全，于晨，等. 文物保护学科建设的思考与建议［J］. 中国文化遗产，2020，（06）：41.

[8] 胡海容，葛胜涛. 我国博物馆文物数字化影像授权模式研究［J］. 数字图书馆论坛，2020，（04）：68-72.

[9] 纪东，赵斐. 山东博物馆文创推广中短视频作用的发挥［J］. 中国博物馆，2022，（05）：82-87.

[10] 李波. 宁夏博物馆文创产品开发思考［J］. 合作经济与科技，2023，（09）：85-87.

[11] 李飞群. "让文物活起来"背景下博物馆展示传播的思考与实践——以舟山博物馆为例［J］. 东南文化，2022，（S1）：155-161.

[12] 李明玉，王学斌，武泽阳. 当代中国博物馆期刊的现状、困境与思考［J］. 出版发行研究，2022，（05）：48-52.

[13] 李帅，易姗姗，郑仁华，等. 博物馆文创产品情感化设计研究［J］. 包装工程，2022，43（16）：372-379.

［14］李燕飞，赵林毅，方晓芸，等. 彩绘类文物保护材料明胶的表征及性能［J］. 西北师范大学学报（自然科学版），2021，57（01）：70-76+83.

［15］李媛. 淄博市文物资源保护开发与实践研究［J］. 文物鉴定与鉴赏，2023，（03）：144.

［16］连凯. 长江经济带博物馆展览文创衍生品设计开发可行性研究［J］. 东南文化，2022，（S1）：150-154.

［17］梁岩妍. 我国文物法律保护公众参与制度构建路径的思考［J］. 石家庄铁道大学学报（社会科学版），2015，9（02）：81.

［18］梁艳萍. 新媒体语境下博物馆短视频与直播的内容优化探讨［J］. 文物鉴定与鉴赏，2021，（16）：110-112.

［19］刘栋. 博物馆文创产品开发经营体制机制问题研究［J］. 中国博物馆，2020，（03）：57-62.

［20］刘利平，张阿维. 基于场景化思维的博物馆文创产品设计策略研究［J］. 包装工程，2023，44（10）：377-382.

［21］刘仕杰. 浅析织品文物清洁维护［J］. 文物鉴定与鉴赏，2022，（12）：44.

［22］刘天华，庄国京，周会珍. 卫星遥感技术在不可移动文物保护中的探索研究［J］. 航天返回与遥感，2023，44（01）：23-30.

［23］刘亚奇. 黄河流域九省区博物馆"云展览"的传播及优化［J］. 新闻爱好者，2021，（12）：73-75.

［24］刘妍，吕新妍，杨富巍，等. 无机材料在骨质文物加固保护中的应用［J］. 无机化学学报，2022，38（05）：777-786.

［25］刘逸堃. 公众对文物保护与修复的认知模式探析［J］. 文博，2021，（03）：61-67+13.

［26］卢宜弼. 5G时代博物馆的"短视频+直播"传播体系构建［J］. 电视技术，2022，46（10）：162-164.

［27］吕文静. 西方当代艺术博物馆文化价值观念研究——以英国泰特现代美术馆为例［J］. 美术研究，2023，（02）：123-128.

［28］马海燕. 互联网时代博物馆文物管理中文物保护的创新性路径［J］. 文物鉴定与鉴赏，2021，（06）：127.

［29］毛若寒，郑宽，程小芳. 博物馆云展览的内涵阐释与发展建议［J］. 中国博物馆，2023，（01）：38-44.

[30] 毛若寒. 试论博物馆物的语境化阐释: 内涵、目标与策略 [J]. 东南文化, 2021, (01): 153-160.

[31] 倪庚鑫. 博物馆陈列空间的展示设计研究 [J]. 文物鉴定与鉴赏, 2021, (10): 144.

[32] 彭宇. 博物馆网络直播实践 [J]. 科技资讯, 2023, 21 (09): 13-16+64.

[33] 蒲红树, 王秀峰. 超声波技术在文物保护领域中的应用研究进展 [J]. 文物保护与考古科学, 2023, 35 (02): 164-172.

[34] 秦宗财, 陈萱. 融媒体环境下的现代博物馆文化传播 [J]. 东南学术, 2022, (04): 229-236.

[35] 沈业成. 关于博物馆数字化转型的思考 [J]. 中国博物馆, 2022, (02): 19-24.

[36] 宋厚鹏. 从原真的物品到现实的展示: 关于现代博物馆传播秩序的景观幻象 [J]. 云南社会科学, 2020, (03): 158-165+189.

[37] 隋孟彦. 关于博物馆文创产品营销模式的创新性思考 [J]. 文物鉴定与鉴赏, 2023, (06): 112-115.

[38] 孙满利, 张景科. 文物保护学的理论探讨 [J]. 西北大学学报 (自然科学版), 2022, 52 (02): 192-198.

[39] 陶捷. 听见博物馆——现代博物馆的听觉设计 [J]. 中国博物馆, 2022, (04): 48-52.

[40] 田双娥. 三种植物精油对博物馆空气霉菌的抑菌活性研究 [J]. 文物保护与考古科学, 2021, 33 (04): 33-43.

[41] 田甜, 王奇志. 新时代博物馆定位与宗旨的实现 [J]. 东南文化, 2020, (02): 157-162.

[42] 王晨露, 冯圆媛, 尤文浩, 等. 激光技术在文物保护中的应用 [J]. 激光与光电子学进展, 2022, 59 (17): 37-46.

[43] 王全玉. X射线成像技术在文物保护与制作工艺研究中的应用 [J]. 文物保护与考古科学, 2022, 34 (06): 10-16.

[44] 王文彬, 朱霞. 博物馆短视频发展现状分析——以抖音平台为例 [J]. 中国博物馆, 2023, (02): 81-88.

[45] 王夏歌, 林迅. 时空建构与时空渗透: 论博物馆文化传播的媒介技术逻辑 [J]. 艺术百家, 2020, 36 (05): 55.

[46] 王英男, 夏从亚. 故宫博物院系列微信品牌传播特点分析 [J]. 出版广角, 2020,

(03)：70-72.

[47] 王峥. 移动增强现实技术在现代博物馆当中的运用研究［J］. 南京艺术学院学报（美术与设计），2020，(05)：180-182.